株式会社クレド
代表取締役
小松圭太
Keita Komatsu

FIRE
を目指す

失敗しない資産運用と幸せに使い切る生き方

CRED

はじめに

本書を手にとっていただき、ありがとうございます。

私は不動産投資を扱う会社の代表をしていますが、本書は「不動産投資で老後に備えましょう！」というノウハウ本ではありません。

実は3年前には、ワンルームマンション投資に関する本を出版しました。そのときは、不動産投資をスタートするみなさまに「とにかく失敗しないでほしい」という一心で、私の持てるだけの知識とノウハウをその一冊にまとめ上げました。

今回の本は、そのときとはだいぶ内容が異なります。

不動産投資はよい物件を手ごろな値段で購入し、安定的に運用していくことができれば、長期にわたって着実な収益を生み出すというメリットを持っています。

けれども、私は不動産投資だけが資産運用の正解だとは思っていません。

月々の給与収入や少しずつ蓄えてきた預貯金をより有効に増やしていくには、不動産投資以外のさまざまな運用メニューもバランスよく組み合わせ、自分に最適なポートフォリオを形成し、どんな時代にも自分の資産を目減りさせない体制を整えることが不可欠だからです。

本書の読者の多くはおそらく20代半ばから30代後半で、そろそろ具体的に将来の準備を始めたいと考えている方々でしょう。そこで、そんなみなさまが資産運用を始めるときの心構え、目標の立て方、代表的な投資商品の特徴など、すぐに役立つ知識と提案をこの本の中ではいくつもご紹介しています。

もちろん、それらの情報はどんどん活用していっていただきたいのですが、本書を通じ、私がみなさまに本当にお伝えしたいことは、それとはまた別のところにあります。

それは、たくさんの夢をもち、それらをどんどん叶えながら、心も、経済面も、より豊かな未来を実現させていきましょうということです。

資産運用の目的が、将来不安を和らげることだとか、ただ通帳の金額を増やしていくことだけだったとしたら、どこか寂しいと思いませんか？　そうではなく、自分にとって最高と言える未来を思い描いてください。資産運用は一つの手段とし、そこから得た運用益を自分や大切な人のために使いながら、思い描いた夢や理想を具現化していっていただきたいのです。

アメリカを中心に、昨今、注目されるムーブメントの一つとなっているのが〝ＦＩＲＥ〟という生き方。

ＦＩＲＥは「Financial Independence, Retire Early（経済的自立と早期リタイア）」の頭文字。企業などに属さなくても暮らすに困らない経済的基盤をつくり、早期退職して、より自分らしい人生を実現していこうというものです。それを実践したら、趣味三昧、旅行三昧の生活を送るという人もいれば、サラリーマン時代とは全く違う分野の事業を起こすという人もいるでしょう。あるいは、ただただのんびり暮らす人もいれば、学生に戻るという選択をする人などもいるかもしれません。いずれにしても、その経済的基盤となるのが、資産運用によって得られる収益です。

このFIREというライフスタイルのことを知ったとき、私は「これだ！」と思いました。私自身がかれこれ17～18年前から〝45歳・半リタイア生活〟という呼び方で同じようなことを考えてきたからです。

昨今の若い世代には、組織には属さないという選択をする人も多いといいます。そんなみなさまにもこの生き方はなじみそうですね。

どうでしょう、私と一緒にFIREを目指しませんか？

本書では、私の過去の体験談や、将来ビジョンについても語らせていただきました。それはなかなか恥ずかしいことでもあるのですが、私がこの身で学んできたことや考えてきたことが少しでもみなさまのお役に立つのであればと考えました。

この本がみなさまの人生をよりよい方向へと発展させるきっかけになったら幸いです。

２０２１年10月

小松 圭太

第4章 創業。そして、本当のクレドに生まれ変わるまで

第5章 資産運用はプロを目指さず〝賢いアマチュア〟でいこう

対談

未来への準備を始めると、“今”の居心地が確実に変わってくる

第6章 ハッピーに使い切る人生を送りたい

第1章

子ども心にも お金は大事だと思った日

中学3年、父の会社が倒産

「こんなにもキビしく、みじめなのか……」

お金がなく暮らす苦しさを、私が初めて実感したのは中学3年生のときのことでした。

私は2011年に不動産の売買や資産運用全般のコンサルティングを行う株式会社クレドを創業し、以来、お客様に資産運用のアドバイスや投資用のマンションの売買を行っていますが、おそらくお金へのこだわりは人一倍強いほうだと思います。それは、やみくもにお金持ちになりたいということではなく、「自分らしい幸せな人生を送るには、一定額のお金は必要不可欠だ」という強い信念があるからです。その原点にあるのが、この中学3年生のときの体験です。

私は1978年2月、神奈川県横浜市のごく普通のサラリーマン家庭に生まれました。父は薬品会社の営業マンで、家族が暮らしていたのは緑区あざみ野（現在は青葉区）の新興住宅地の賃貸マンション。両親ともにテニスが好きで、私も週2～3回は妹とともにテニスコートに連れていかれ、幼い頃から見よう見まねでラケットを振っていました。

運動は得意なほうだったので、体育の時間は特に好きで、小学校時代は地域の少年野球チームにも入っていました。性格はどちらかというと引っ込み思案でしたが、足が速く、肩も強かったので、グラウンドでは伸び伸びとプレイしていたような気がします。そして、チームという人生初の組織に属し、監督やコーチ、上級生とともに過ごしながら、目上の人たちとの付き合い方や挨拶の大切さなどを少しずつ学んでいったのです。

父が独立して調剤薬局を開いたのは１９８６年、私が小学3年生のときでした。お客様に処方薬の提供を行うとともに、地域の病院に医薬品を納入して大きな売上を上げ、事業はすぐに軌道に乗りました。子どもの私は父の商売には無頓着でしたが、まもなく店舗はいくつかに増え、薬剤師さんをはじめ従業員も大勢雇っていたと記憶しています。

景気がよかったこともあり、この時期にわが家は急にお金持ちになりました。両親は車を買い替え、新しい大きな家を買い、服飾品から調度品まで欲しいものはなんでも躊躇なく買うという生活を始めました。

毎年、欠かさず家族旅行に行き、私や妹は欲しいものはすべて買い与えてもらいました。全くの勘違いなのですが、この頃の私はお坊ちゃまくんの気分で、少なからず天狗になっていたと思います。また、お金のない人が急に大金を持つと、あればあるだけ使ってしまうとはよく言われることですが、貯金もせず、湯水のようにお金を使っていた両親のそれは、浪費を超えた乱費以外のなにものでもありませんでした。

家族が住んでいたあざみ野は古くから教育熱心な土地柄で、私が小学生だった当時は、6年生のクラスのおよそ半分が私立中学を受験することで知られていました。これは私立小学校ではなく横浜市立の小学校の話です。

ご多分にもれず、私は教育にもお金をかけてもらっていて、小学4年生になると中学受験のための塾通いを始めました。そして、6年生の春、ある大学付属の中高一貫教育の学校に合格。4月からその中学校に通うこととなったのです。

中学での成績は中ほどだったでしょうか。大学までエスカレーター式で行けると言われていたので、あまりガツガツと勉強することはありませんでした。テニスはずっと続けていて、学校のテニス部と地元のテニスクラブの両方に所属。中学3年生のときには『全国中学生テニス選手権大会』に出場しました。校内では全国大会に出た選手として注目を浴びることもあり、それなりに充実した学校生活を送っていました。

しかし、そんな暮らしがガラッと変わる日がやってきました。父の会社が倒産したのです。

病院という手堅い取引相手がありながら、なぜ、そうなったのか……。本業以外のなにかに投資でもして失敗したのか、トラブルがあったのか、子どもだった私には理由は知らされなかったし、その後も自分から聞くことはありませんでした。

ただ、今思うと父に商人気質はあまりなく、上昇志向が強いタイプでもなかったので、経営者向きではなかったのだろうと想像しています。バブル経済の絶頂期だったので、好景気の波に乗って商売は上手く滑り出したものの、堅実に事業を経営していく手腕には欠けていたのかもしれません。家庭での浪費ぶりを思い出すと、それも想像に難くないところです。実際、自宅購入の際には無理なローンを組んでいたという話をだいぶ後になって耳にしました。

負債はかなり大きかったようで、調剤薬局をすべて閉めたうえで、家や車を手放し、古い３ＤＫのアパートに家族で転居しました。父は親戚の紹介で勤務先を得てサラリーマンに戻り、専業主婦だった母も生命保険の外交員、いわゆる生保レディとして働きはじめました。

しかし、自宅を売却して得たお金と両親の収入を合わせても借金の完済にはほど遠く、父は祖父母など親戚中に頭を下げて回り、お金を借りていました。それから15年間、親戚付き合いは途絶えることとなります。金融機関への返済で精一杯で、親戚からの借金はうやむやにしてしまったということなのでしょう。父の姿を見て、私は子ども心にも借金の罪深さを感じていました。

中学生の私には、それからもしばらく試練と言える時期が続きました。特に辛かったのは、引っ越した先のアパートにも借金の取り立てがやってきたことです。バブル崩壊後に世間でよく聞いた嫌がらせの張り紙をされることこそありませんでしたが、彼らはドンドンドンとドアを叩き、高圧的な声で呼びかけてきました。両親とも働きに出ていますから、一人で家にいることも多く、そんなときは居留守を使い、息を殺して相手が去っていくのを待ったものです。

やがて、この借金取りのおかげで、父の会社の倒産を友人たちに知られることになります。前述のように金持ちの坊ちゃん気取りでいたこともあり、突然の家の没落はプライドが激しく傷つく出来事でもありました。友人たちからのからかいやイジメこそありませんでしたが、あからさまに詮索されたり、逆に気を遣われたり、かわいそうにという目で見られたりすると、その場から即座に逃げ出したい気持ちになったものです。

そんな状況下で、多感な少年の心が屈折しないわけはありません。特に強かったのは親を恨む気持ちで、「なんで俺がこんな目に？」と責める思いでいっぱいでした。この時期から両親には反発ばかりして、勉強は一切しなくなりました。生活態度も一変、ただただ遊びまくる毎日になったのです。普通の家庭から、お金持ちへ、そして、あっというまに貧乏に……。それはまさにジェットコースターのような10年間でした。

そんな中でも両親が頑張ってくれて、15歳の春には通っていた中学からそのまま付属高校に進学させてもらいました。渋谷のマクドナルドでアルバイトを始めたり、同じクラスになったかわいい女の子と付き合いはじめたり、学校の科目ではよい先生にめぐり逢ったおかげで政治経済が好きになったりと、心機一転、高校生らしい暮らしをスタートすることができました。

しかし、小学校の頃から通っていたテニスクラブは会費が払えなくなったために退会。高校のテニス部には中学から持ち上がりで所属していて、2年生のときには高校生の全国大会である『全日本ジュニアテニス選手権』にも出場しましたが、3年生になったとき、あと1勝でインターハイ出場という公式戦で、それまでは負けたことのなかった後輩に敗戦。なにか張り詰めていたものがプツリと切れ、そのあとすぐにテニス部を退部してしまったのです。

家庭内は依然、ギスギスとしていて、自宅には帰らず、友だちの家や彼女の家に泊まる日も増えていきました。いろいろな意味で劣等感が募り、唯一、彼女と一緒にいる時間だけが心の癒しでした。実はこの時期の同級生のことやテニスクラブに関する記憶はかなり不鮮明で、地元に戻ったときに「同じクラスだったたね」などと声をかけられても、失礼ながら、その人のことが全く思い出せないということが何度かありました。嫌なことが多かったので、無意識に記憶を埋もれさせているということなのでしょうか。

ともあれ、お金がないことの辛さを嫌というほど思い知ったのが10代のこの時期でした。お金がない、それは暮らしの貧しさや、欲しいものが買えないといった物理的なことだけでなく、家族をバラバラにしたり、自尊心を傷付けたり、心と生活を荒らしたり、好きなことをわざわざ嫌いになるよう仕向けたりと多くのネガティブなことに繋がっていきます。

16歳にして私は「一定のお金がないと幸せにはなれない」と確信しましたし、父親を反面教師に、「失敗したくない」「人に迷惑をかけたくない」「お金は借りたくない」「経営者にはなりたくない」と心の底から思ったのです。

さらに、コンプレックスにも悩まされて

高校3年のとき、もう一つ、ネガティブな出来事が起こりました。後輩に頼まれて気軽に引き受けたことがもとで、学校を停学になってしまったのです。停学自体は短期間でしたが、ことは重大でした。この出来事のために、付属大学への進学も他大学への学校推薦やスポーツ推薦の道もすべてが閉ざされてしまったのです。

自力で進学するしかなくなった私は受験勉強に身を入れはじめましたが、スタート時期が遅かったこともあり、希望の大学には合格できませんでした。一浪して予備校に行き、再度、受験に挑戦しましたが上手くいかず、結局は滑り止めの大学に入学することになったのです。

浪人中は勉強も一生懸命しましたが、一方でクラブ・イベントの企画・運営にも熱中しました。当時はレイブ（Rave）という名で呼ばれることもありましたが、ＤＪがヒップポップなどの音楽を大音量で流し、大人数の来場者が好き好きに踊る一夜限りのダンス・パーティーのことです。

会場は渋谷の『FURA』、川崎の『CLUB CITTA'』などで、大きい会場では１，５００人以上を動員することもありました。私は友人とともに、主催者としてラッパーやＤＪへの出演交渉から、ダンサーの招集、ＰＡや照明の専門家との打ち合わせ、スタッフを１００人ぐらい集めての取り仕切り、チケット販売まで、イベント実施のためのあらゆることに関わりました。大学に入ってからも続けていて、２年ほどの間に10数回のパーティーを開催したのです。

派手なことをして、充実した日々を送っているように見えながらも、この時期の私はどんどん膨らむコンプレックスに苛まれていました。

第一志望の大学に入れなかったことには、自分でも思った以上にショックを受けていました。行く気がなかったのに入学した滑り止めの大学には通学するモチベーションがなく、授業に出ても、キャンパスを歩いていても、つまらないとしか感じられませんでした。授業はサボりがち、たまに出ても教室では眉間にしわを寄せた近寄りがたいヤツになっていたので、友だちもできず、ますます大学には行かなくなっていったのです。

地元の友人や付属高校時代の同級生は大半が有名大学に進学していました。自分だって希望の大学に合格して、みんなと肩を並べていたはずだったのに、俺は一体なにをしているんだ……と、ネガティブな思いは次から次へと出てきます。また、高校の3年間付き合った彼女は、自分のことでいっぱいいっぱいだった私に愛想をつかし、離れていってしまいました。私は変わらず彼女のことが好きだったのでなんとかヨリを戻したいと思いましたが、後悔先に立たず、大切な人を失ってしまったのです。

クラブ・イベントを始めたのも、なにかカッコいいことをすれば、彼女がもう一度、振り向いてくれるのではないかと思ったのが動機でした。同時にコンプレックスの裏返しとでも言うべきか、イベントの企画・運営を通じて、大きなことができる自分を証明したいという思いもあったのかもしれません。実際、多くの人々を動かしていましたし、スタッフには人気雑誌の読者モデルをしているかわいい女の子も多数いたので、人からは羨ましがられることもありました。

しかし、そんなことでは心の隙間を埋めることはできず、相変わらずお金もなく、この頃の私はかなり情緒不安定に陥っていました。浮き沈みが激しく、イライラしていることが多かったし、一人になるとひどく落ち込むこともよくありました。そして、結局、２年生の途中で大学を中退することにしたのです。

第2章

アヤしさ渦巻く不動産投資の現場で

「逃げること」しか考えられなかった仕事環境

20歳で大学を中退した私はアルバイトをしながらフラフラと過ごしていましたが、しばらくすると定職に就こうという気持ちが湧いてきました。親には随分反発して生きてきましたが、共働きで苦労して学費を出してくれたことには感謝していたので、大学をやめたことには罪悪感もありました。ですから、やめた以上は自分で自分の人生に責任を取らねばという思いがあったのです。

就職情報誌を見て何社かに応募した結果、A社という不動産投資用マンションの販売会社に正社員として中途入社することが決まりました。他に応募したのはOA機器の営業職や先物取引の営業職など業種はバラバラで、不動産や投資の世界に興味があったわけではありません。A社に応募した動機はただ一つ、「残業なし、月給30万円、海外旅行あり」という求人広告の売り文句に惹きつけられたからでした。

A社に入社したのは1999年12月。入ってみたら、売り文句の殆どは出まかせで、かろうじて嘘でなかったのは「海外旅行あり」の部分だけということがわかりました。それも、「投資用のワンルームマンションを○件売ったら」という条件付きでした。が、私のモチベーションは上がりました。高校時代の彼女への思いがようやく吹っ切れ、新しい彼女ができたところで、条件をクリアしたら、その彼女も一緒にニューヨーク旅行に連れていけると知ったからです。

するとなんと入社から半年で、私は８件もの契約を取ることができたのです。ビギナーズ・ラック以外のなにものでもなかったのですが、最初に買っていただいたお客様から次々とお知り合いをご紹介いただいたおかげでした。２０００年の春には新卒の営業マンが50人ほど入ってきて、誰もが営業には苦戦していましたが、そんな中、まさに快進撃と言える営業成績を上げたのです。

その年の夏、私は彼女とともにニューヨークでの休暇を堪能しました。ツアーのメンバーは約20人で、その中には社内では知らぬ人がいないというトップ・セールスマンのＳさんがいました。Ｓさんは私と同い年ながら電話営業の達人で、21歳にして年収2、000万円を稼ぐという人物でした。旅先でSさんとゆっくり話す機会を得て、彼の人生観や仕事上のビジョンにすっかり影響された私は、「自分も稼げる人間になりたい」と心に強く思ったのです。

しかし、思いとは裏腹に帰国後の私は鳴かず飛ばず、1件の成約も取ることができない日が延々と続きました。A社は売れない営業マンには徹底的に冷たく、上司からは「なぜ、売れない?」「なんでもいいから売れ!」と責められるばかり。「ただ売ればいいのか?」という疑問はあったものの、心は疲弊し、それ以上のことを考える余裕はありませんでした。ゆとりのなさは営業トークにも表れ、たまに上手くいったと思って売り急ぐとお客様に逃げられてしまう始末。毎日が辛く、憂うつで、自信もどんどんなくなっていきました。

そんな状況が1年ほど続いていたある日、旅先で親しくなったSさんが独立して、B社という自らの会社を立ち上げるという話を聞きました。A社と同じく投資用のマンションを販売する会社です。そして、Sさん自身から、「おまえは売れると思ってる。うちの会社に来ないか?」と誘ってもらったのです。萎えていた心がその言葉で生き返り、私は迷うことなくSさんの会社に移籍することを決めました。

しかし、B社でもマンションはちっとも売れず、私はSさんの期待に応えることができませんでした。創業からしばらくB社は売上が低迷したこともあって、A社以上に人間関係はギスギスとし、「売れないやつは悪」という空気が立ちこめていました。そして、結果の出ていない営業マンは一部屋に集められ、立ち電話営業をさせられたのです。一日12時間、たった10分間の休憩で。

今考えれば、度の過ぎたやり方であり、ブラック企業と呼ばれてもおかしくない仕事環境だったと言えるでしょう。やめていく同僚もたくさんいました。その当時でも電話営業は古いやり方と言えましたし、そもそも仕事とは根性でするものでも、ただ長時間働けば結果が出るというものでもありません。しかし、当時は私も周りの同僚たちもその環境に気力を奪われたような状態で、指示されるままに電話をかけ続けていました。考えるのは、「他のヤツらをさしおいて、自分が上に行きたい」「この状況から早く逃げ出したい」という目先のことばかり。自分のことだけで、お客様には気持ちが向かないので、もちろん、相手の心を動かすようなトークなどできません。その結果、辛い、売れない、責められるという負のスパイラルが来る日も来る日も続いたのです。

かつての同級生はちょうど大学を卒業した時期で、テレビ局だの、誰もが知るメーカーだのに就職したという話が続々と耳に入ってきていました。なのに、自分のこのザマはなんだ……。父の会社が倒産したときからもう何度目でしょうか、またもやコンプレックスと焦る気持ちが私の中で大きく膨らんでいったのです。

垣間見た不動産業界の闇

1991年にバブル経済が崩壊すると、不動産価格も大幅に下落。世間には「不動産投資で嫌な思いをした」「大損をした」という人が溢れていました。そのため、私がこの業界の新人だった2000年代の頭には、不動産と聞いただけでアレルギー症状を示す人が多く、営業の電話をしても「なんで、今さら不動産投資をしなければいけないのだ！」と怒られるようなこともしばしばありました。

実際、私の上司の中にも「バブル崩壊によって、お客様を失敗させた」という思いを引きずっていた人は少なくなかったようです。反射的に「売ったあとはお客様から逃げ切らねば」と思うらしく、上司からはいつも「売ったら客にはもう会わなくていい。その暇があれば、新規の客を見つけるために電話しろ」と言われていました。

また、特にA社の頃の私は、自分が扱っている投資用マンションがよいものだとは思わないままお客様に購入を勧めていました。先輩たちもよく「この物件に投資しても、得にはならないんじゃないか?」などと言っていましたので、営業をしていても、お客様をだましているような後ろめたい気持ちを抱えていたものです。

不動産投資とは長期的・安定的な運用を目的としたものであり、投資物件は一度購入したら頻繁に買い替えることはありません。長期にわたって計画通りの利回りを確保していくためには、立地がよく、物件価格が近隣相場に見合っていて、相場通りの家賃で確実に入居者を得ることのできるグレードを兼ね備えた物件を購入することと、しっかりとしたアフター・フォロー体制が付属していることが不可欠です。つまり、投資物件を扱う会社には、お客様にできるだけよい物件を紹介する努力や、プロの視点でのアドバイスが求められ、「売ったらそれでおしまい」というスタンスはありえません。

しかし、私の勤務先がそうだったように、売ったら売りっぱなしの会社は少なくありません。さらに悪質な営業を行う会社もたくさんあり、お客様をだますかのようにして粗悪な物件を販売したり、不適切なローンを組ませたり、ありもしないサービスがあるように装ったりということが現実に起こっていたのです。こうしたことは残念ながら現在も起こっており、第5章でその例をいくつかご紹介していますので、よろしければ併せて読んでみてください。

第3章

お客様とのお付き合いの中に、ようやく光明を見いだす

大阪で見つけた自分の営業スタイル

話は戻って、A社でもB社でも営業が上手くいかずに悶々としていた私にようやく転機が訪れました。

勤めていたB社が大阪進出に向けて新たにつくったC社への出向がきっかけです。C社にはまもなく正式に移籍することとなり、私にとって3番目の勤務先となりました。C社は社員5人ほどの小さな会社で、上司は一人もいませんでした。指示を受ける相手も相談する相手もいないので、すべてを自分で考え、実践しなければなりません。そんな中で、私は初めて「マンションを売ってみよう」という気持ちになったのです。言い換えれば、初めてお客様に気持ちが向かったのです。

さらに、ここでの考え方が、その後の自分の理念に大きく影響してくるのですが、当時はなにもわからないまま「お客様に損をさせてしまうかもしれない」と思いながら販売していた商品が、実は持ち方によっては半永続的な不労所得を生み出すものになる、つまり、長期間にわたって家賃収入を安定的・継続的に得る術になるということも確信しました。

そして、そのメリットを確実に得るためには「お客様はどんな方で、どんな人生設計をお考えなのか」「不動産投資にどんな期待や不安を抱いているのか」など、お客様の立場に立って考え、お客様一人ひとりに合わせた最適なプランニングをすることが不可欠です。そこで、そこには惜しまず力を注ぐようにしたところ、お客様からも自然と私の話に耳を傾けていただけるようになったのです。お客様や仕事に対する考え方や姿勢が変わると、それは確実に営業成績にも表れるようになりました。

自分でも意外だったのは、お客様とのコミュニケーションに学生時代のクラブ・イベントの経験が役立っていたことでした。会場となるクラブのスタッフの人々と話したり、個性の強いＤＪやラッパーと打ち合わせをしたり、大人数のスタッフを動かしたりしている中で、交渉ごとや、人の気持ちをつかむ話し方の技術が自然と身についていたようなのです。

ちなみに、大阪での初めてのお客様は30代のご夫婦でした。奥さまにアポイントを取ってご自宅を訪問したものの、出てこられたのはご主人で、「うちはいらないから」と玄関先で拒絶されてしまいました。そのため、その日はマンションの話はせず、お二人のプロフィールを少しだけうかがってすぐに引き揚げました。その引き方がよかったのか、改めて訪問したときには話を聞いていただくことができて、その後、複数回の訪問を経て、投資用マンションの契約に至ったのです。

当たり前のことですが、投資関連の営業には慎重に対応されるお客様が多いものです。そして、仕事だからといっていきなり話しはじめても、聞いてもらえることは滅多にありません。営業マンの中にはそこを勘違いし、型にはめ込み、自分のペースで話を始める者も少なくないのですが、そのやり方では上手くいかないと私は思っています。新しい友だちができるときと同じで、初めてのお客様にお会いしたときも、相手のことを理解しようとしながら、時間をかけて信頼関係をつくり、少しずつ親しくなっていくことが不可欠です。

このときのご夫婦には、その後も複数のマンションをご購入いただきました。運用が軌道に乗り、20年近く経った現在は着実に不労所得を受け取りながら心豊かな生活を送っておられ、当社とは物件管理を通じたお付き合いを続けていただいています。

営業の結果が出るようになると自信もつき、後輩をフォローするゆとりも生まれてきました。仕事の面白さも感じられるようになり、「この業界で生きていこう」といよいよ腹をくくることもできました。友人も知り合いもいない大阪ではコンプレックスを刺激される機会が殆どなく、伸び伸びと仕事に取り組めたのもよかったのかもしれません。心の奥ではいつも、「このへんで人生を逆転しないと、もうチャンスはないぞ……」と自分に言い聞かせていました。

売れる営業マンへ。25歳で年収1、500万円

大阪に来て1年が過ぎた頃でしょうか、東京の知人から「D社という投資用マンションを扱う会社をつくるので、営業マンとして来ないか」と声がか

かりました。最近の自分の頑張りを見てくれていた人がいたのだと嬉しく思い、その申し出を受けることとしました。２００３年秋、25歳のときのことでした。

東京に戻るのを機に、２年ほど前に出逢い、大阪時代は遠距離恋愛で付き合っていた女性と入籍しました。それが現在の妻ですが、気配りのできる女性で、その当時も現在も、私の間違いを指摘してくれる数少ない存在でもあります。結婚は自分にとって大きな出来事であり、俄然、責任感も生まれました。これまでは約1年ごとに会社を変わっていた私も、ここからはD社に腰を据え、営業はもちろん、後輩の育成や経営にも関わっていくようになっていきます。

投資用マンションは順調に売れ、私はまもなくして年収1、５００万円のセールスマンになりました。会社では旧来の電話営業に代わり、セミナー集客という新しい手法の営業を始めていました。お客様に資産運用や市場動向などの情報を提供し、信頼関係をつくりながら営業に結びつけるというものです。また、個人的には、マンションを売るだけ売って、アフター・フォローができていなかったA社時代のお客様に連絡を取り、その結果、複数の方から賃貸管理をお任せいただくようにもなりました。

29歳のときには役員に就任。数人で始まった会社は50人近くの規模に拡大していましたが、その大半は私が面接し、採用を決めたメンバーでした。部下を育てる立場になってからは、「どうすれば後輩たちに仕事に必要な技術やマインドを身につけてもらえるだろう」と懸命に考えたり、実用書を読んだりするようになりました。また、この時期は組織づくりとマネジメントのノウハウもかなり身につきました。結果を出していたので上司も私のやり方に納得してくれていて、会社も、仕事の仕方も、商品ラインナップも、自分の力でさらによい方向に変えていこうという意欲に満ちて仕事に取り組んでいました。地方出張も多く、休みもあまり取れない毎日でしたが、頑張る後輩たちと一緒に数字をつくることも楽しく、「いつか、ゆとりある生活を手に入れるぞ」という夢を見ながら、充実した日々を送っていたのです。

そして、ここに来てようやく、私は同級生へのコンプレックスを手放すことができたのです。D社は大企業でもなんでもありませんでしたが、自分の仕事がお客様の未来に役立つという自負が生まれたことと稼げるようになったことで、自信と充足感を得ることができたからです。

読書から学んだこと

D社に入社した頃から、私は多くの本を読むようになりました。流行小説から歴史小説、ビジネス書までさまざまな作品を読んできましたが、本を読むとしばしば人生の指針にもなるようなことに出会います。私にとってはそれが読書の魅力であり、その出会いには感謝しています。

実は学生時代までは本を読むことがありませんでした。もともと文章を読むことは嫌いではなく、社会人になってからは日経新聞も読むようになっていましたが、なぜか本を読む習慣はなかったのですね。そんな私が読書好きになったのは、会社の先輩から一冊の本をもらったことがきっかけです。北方謙三のハードボイルド小説で、ワクワクしながら読んで読書の面白さを知り、自分から本を手にとるようになったのです。

その後、経済界の有名人の自伝小説、歴史小説は片っ端から読んでみました。ビジネス書も次々に読みましたし、人気作家である高杉良や池井戸潤のビジネス小説のファンでもあります。ビジネスの世界で功績をつくる人は、なんらかの強い信念を必ず持っているものですし、何百年も昔の歴史の話の中にも、架空の人物が活躍するビジネス小説の中にも、現在に繋がるインスピレーションが溢れています。

そして、最初に書いたように、20代後半からの私は「どう生きるべきか」という人生の指針を本の中に見いだしてきました。なかでも特に大きな影響を受けた2冊をこのあとにご紹介したいと思います。

私が影響を受けた本（1）

『夢に日付を！　〜夢実現の手帳術〜』渡邉 美樹（あさ出版）

夢を明確にすることの大切さ

居酒屋『和民』の創始者である渡邉美樹さんが2005年に出版した書籍です。6つの柱（仕事、家庭、教養、財産、趣味、健康）に沿って自分の夢を明確にすること、その目標に向かって意識的に行動することの大切さが語られています。家庭が上手くいっていることは武器になるし、時間があることも武器になるし、趣味があることも武器になるし、健康であることも武器になる。本当の幸せは、そのすべてがバランスよく揃った上にあるという考え方ですね。

そして、渡邉さんから「自分の夢に日付を」というメッセージを受け取ったような気がした私は、読了後、すぐに自分の夢を言葉として書き出してみました。思いつくままに書いていったら、94個の夢が出てきました。そこから選びだしたものを6つの柱としてカードに記入し、当時はそのカードをいつも持ち歩いていました。

仕事のことから、自分磨きのこと、欲しいものまで、94の夢は多岐にわたっていました。20代半ばの自分が書いた夢の中には、今読むとガキっぽく感じられるものや、業界の常識をわかっていないなと思うようなものもありますが、この94の夢を見ていくと、現在までに7割近くが叶っていることに気がつきます。多くの夢を叶えられたのは、やはり夢を明確にすること、文字にして書いてみること、それを意識して生きることが大きかったのではないかと思います。気恥ずかしくもありますが、せっかくの機会なので当時、書き出した94の項目から一部をご紹介したいと思います。

[94の夢]（一部抜粋）

●45歳・半リタイア生活
●食にこだわる
●健康にこだわる
●ゴルフにいつでも行ける
●たくさん本を読む
●人脈ネットワークをつくる

●会社を持つ
●ウィンブルドン観戦
●死ぬときに新聞に載る
●社会に貢献する
●預金残高1億円
●TV番組のスポンサーをやる
●プロによるゴルフレッスン
●銀座で豪遊
●懇意の医者をもつ
●顧問弁護士をもつ
●宅建の取得
●週1のトレーニング
●ベンツSクラスに乗る
●ボランティアに参加する

[６つの柱カード]

健康

◎毎日、青汁を飲む。

◎体重を58kgにする。

仕事

◎会社を持つ。

◎年収１億。

◎45歳、半リタイヤ生活。

家庭

◎１カ月に２回の外食

◎親に対してできることを探す。

◎コミュニケーションをとる。

教養

◎１カ月に５冊の本を読む。

財産

◎2018年(40歳)までに
貯金4,000万円。

◎2013年(35歳)で
ベンツS600新車購入。

◎貸家を持つ。

趣味

◎１カ月に１回ゴルフコースを回る。

◎年２回の海外旅行。

◎バーを持つ。

◎別荘を持つ。

私が影響を受けた本（2）

26歳のときに〝45歳・半リタイア生活〟と書いていた

94個の1番目に書いたのが、〝45歳・半リタイア生活〟という夢でした。当時は自分が起業するとは思っていませんでしたが、45歳までにお金を貯め、好きなことをしながら快適な暮らしができるようにしたいと思い描いていたのです。

現在、私は43歳で、やりたいことがあるので〝45歳・半リタイア生活〟は諦めましたが、この考え方は現在も変わっていなくて、50歳を目途に実現できればと考えています。

なお、私のこの夢は、「はじめに」でご説明したアメリカ発の〝FIRE〟という考え方と多くの面で共通しています。このテーマは6章でさらに深く掘り下げていきたいと思います。

『７つの習慣 成功には原則があった』スティーブン・Ｒ・コヴィー（キングベアー出版）

読み返すたびに発見がある本

アメリカの経営コンサルタントであるスティーブン・Ｒ・コヴィー博士が１９８９年に出版した本です。

〝７つの習慣〟については、話しはじめると終わらなくなりますし、巷にはその解説をするサイトや本もたくさんありますので、ここでは詳細の説明は割愛したいと思います。ただ、言っておきたいのは、キング・オブ・ビジネス書といわれる本書ですが、実はビジネスのみならず人生哲学から人間関係、倫理・道徳など人生のすべての道しるべになる一冊だということです。

最初に読んだのは30歳ぐらいのときで、以来、1～2年ごとに読み返していますが、そのたびに新しい刺激や発見をもらっています。

２０２０年の春、新型コロナウイルスの感染拡大を受け、１回目の緊急事態宣言が出されたときにもこの本を読み返しました。このとき、自分にもっとも響いたのは〝緊急ではなくて、大切なこと〟をどれだけ増やしていけるかという時間軸の使い方に関する話でした。

〝緊急ではなくて、大切なこと〟

私たちは日々、〝緊急であって、大切なこと〟に最優先で取り組んでいます。仕事で言えば、経営会議やお客様とのアポイントメントはその代表です。一方、〝緊急ではなくて、大切でもないこと〟にも意外と多くの時間を費やしています。以前の私で言えば、携帯ゲームをしている時間などがそれで、その時間をなくし、本を読む時間を増やしたところ、有意義かつ効率のよい時間の使い方ができるようになりました。

そして、私たちの日常の中には〝緊急ではなくて、大切なこと〟もたくさんあります。私の場合、読書、パーソナル・ジムに行くこと、大切な人と過ごすことなどがそれにあたりますが、忙しい毎日の中で、後回しにしたり、緊急の仕事のために犠牲にしたりしがちなのがこのカテゴリーのものごとです。

たしかに、どれも緊急の案件ではありません。しかし、ジムを例にとれば、健康づくりや体型や若々しさの維持に欠かせないことであり、長い目で見れば本当に大事なことであることがわかります。ところが、目の前の仕事に追われていると、「ジムに行きたいんだよね」「もっと本を読みたいんだよね」と言っているだけで、なにもできないまま日常が流れていってしまいます。

そこで、最近はこうした時間をスケジュールに先に入れておき、〝緊急であって、大切なこと〟が発生したとしてもそこには入れないようにするようになりました。例えば、ジムの予定を組んだら、そこにはビジネスの予定は入れません。

つまり、自分の価値観や目標を念頭におき、優先順位をつけるということですね。どんな自分でありたい、どんな生活を送りたいといったことを明確にして、特別なことがない限りはそれを守っていくことで、自分のステージも着実に上がっていくと思っています。

＊『7つの習慣』はなかなか読みごたえのある本なのですが、読書が苦手という人には、オリエンタルラジオ・中田敦彦さんのYouTubeチャンネルがお勧めです。『7つの習慣』は1回20分前後×6話完結で解説されているのですが、とてもわかりやすく、私自身、これを観るだけでもモチベーションが上がります。

中田敦彦のYouTube大学
―NAKATA UNIVERSITY『7つの習慣（1）』

第4章

創業。そして、本当のクレドに生まれ変わるまで

じわじわとやってきたリーマン・ショック

その後もD社の経営および私の営業成績は順調に推移していきました。しかし、役員になって約1年が過ぎた2008年の秋、アメリカの投資銀行・リーマンブラザーズの経営破綻に端を発するリーマン・ショックが発生しました。

当初、それほど影響はないだろうと思っていたのですが、世界的な金融危機の影響は、半年、1年と経つうちに大きく広がり、投資用マンションの売れ行きにも明らかな影響が表れるようになりました。かつて不良債権問題で苦い経験をした銀行は早々に融資を控えはじめ、マンションを買いたいというお客様がいても、融資の審査が通らないこともしばしばありました。

経済の低迷した状態は、2011年に入ってもまだズルズルと続いていました。そして、同年3月11日、東日本大震災が発生。その被害はあまりにも甚大で、国内の景気回復はさらに先送りとなることが決定的となったのです。

そうした情勢の中でD社の経営は逼迫していきました。投資用マンションの市場に不況が訪れたときを想定し、D社は飲食業、海外不動産などに多角的な投資を行っていましたが、リーマン・ショック後はいずれの業界も低迷が続き、マイナスを補い合うどころではなくなっていたのです。

一番の問題は、これまでにD社から投資用マンションを買ってくださったお客様に十分なサポートができなくなっているということでした。例えば、賃料の不払いや、建物管理上のトラブルやクレームがあったとしても、十分に対応する資力や人的パワーがないのです。いっそ会社を潰したほうがいいのではないかと思うぐらい、この時期のD社は追いつめられていました。

お客様を守るために、株式会社クレド創業

お客様を守るためにはどうするべきなのか？　こうなったら独立して、自分自身でやるしかないのか？　余力の全くないD社よりも、財力はないけれ

どマイナス資産もない自分のほうが、アフターサービス体制を一からつくったとしても、お客様にとっての「緊急であり、大切なこと」に的確に対応していけるかもしれないと思いました。ただ、社内には私が面接をして採用した社員もたくさんいたので、自分だけが会社を去ってしまっていいのかという葛藤もありました。

独立するということは、経営者になるということです。父の経営する会社の倒産というトラウマがあったので、「自分は決して経営者にはならない」と心に決めて生きてきました。それなのに会社をつくって経営者になるのだとしたら、長年の座右の銘を破ることにもなります。「ましてや失敗でもしたら、多くの人に迷惑をかけてしまう」という気持ちもありました。

そんな私の背中を押してくれたのが、妻の一言でした。仕事の話をすることは滅多にないのですが、さんざん悩んだ挙げ句、相談してみたところ、「いいんじゃない」というあっさりとした返事が返ってきたのです。妻は私の父のことも知っていますから、反対されるに違いないと思っていたのですが、こう答えてくれたことで、「なんとかなるさ、やってみよう」という気持ちになることができたのです。

また、中学・高校のテニス部の先輩で、私がなにかと助言をもらっていたいわゆるメンターのような存在の人にも話をしてみました。業界は全く違うのですが、独立についての参考になる話をいろいろと聞かせてくれて、この先輩からも後押ししてもらうことができたのです。

さらにＤ社で私の部下であった工藤雄二に話してみたところ、お客様を守りたいという私の考えに同調し、独立するなら一緒に会社をつくりたいと言ってくれました。こうしてようやく、独立する決心がついたのです。

現在、クレドの常務取締役である工藤は私より3歳下。芯が強く、現場では慎重かつ論理的に運営能力を発揮したり、実務をこなしたりするタイプです。センスがよく、ＰＣなどのデジタルに強いという私にはないものをたくさん持っている男なので、互いを補い合いながら上手くやっていけそうな気がしました。その後、Ｄ社からは総務・経理を担当していた女性スタッフも加わり、３人で会社を創業することになりました。

創業にあたり、もっともこだわったのは、『7つの習慣』によく出てくる言葉を借りれば、「お客様とwin-winの関係を築ける会社でありたい」ということでした。お客様の投資を成功へと導き、お客様に喜んでいただける商売ができたら、会社も自ずと豊かに成長していけることだろうと考えたのです。

『株式会社クレド』という社名は工藤と二人で考えました。自分たちの考え方を体現していて、短くて呼びやすいもの……、具体的にはカタカナ3文字でそのうち1文字には濁点がついたものという前提でさまざまな単語を出していったところ、信念・信条・志・約束など私たちが大切にしている考え方を表す言葉であるクレド（CRED）に行きつき、これを社名とすることにしたのです。

不動産業界は怖いというイメージをもたれがちなので、コーポレート・カラーには温かさやポジティブさを感じるオレンジ色を選びました。ロゴマークは工藤がPCでデザインし、会社の体制は工藤が中心になってつくり上げました。

そして、２０１1年12月、株式会社クレドは千駄ヶ谷のとあるオフィスビルでうぶ声を上げました。

実質的な営業活動がスタートしたのは２０１２年の1月から。私たちが活動を始めたのは東日本大震災から1年が過ぎようとしていた時期で、リーマン・ショックからも立ち直っていなかった日本経済は、まだ混沌としていました。将来不安を抱える人も多く、「なにかしら将来の準備をしなくては」という思いから、資産運用について本気で考える人が増えていた時期でもありました。

最初の数年間は守りに入り過ぎ……

創業の当初から、クレドの主要商品は投資用の中古ワンルームマンションでした。D社から十分なアフター・フォローのできていなかったお客様を引き継ぐとともに、ネット広告などを出して、新規のお客様を獲得するためのセミナー集客を開始しました。

不動産投資に限らず投資の世界では、お客様の自己判断・自己責任が原則です。そのため、投資用マンションを扱う会社では、物件を販売するだけでなく、お客様が物件の良し悪しを判断したり、運用計画を立てたりするためのきめ細やかな知識と情報を提供する重要な役割を担っています。

当社のセミナーは1回2時間ほどで、不動産投資という大きな枠組の話から、1棟マンションや区分投資用マンション、アパート経営や戸建投資の良し悪しの話や、不動産投資の5大メリットなどさまざまなテーマでレクチャーを行いました。なかでも力を入れたのがリスクについての説明や、各個人に合わせたコンサルティングを行うことです。また、資産運用・人生設計に関するアドバイスなども行いました。近年はファイナンシャル・プランナー（FP）を招いての資産運用講座や各個人に合わせたアセット・アロケーションのやり方や、他の資産運用との組合せ方など内容はさらに高度化しています。

クレドが創業した頃はセミナー集客を行っている会社は少なく、セミナーを通じてお客様との信頼関係を築き、どこよりも立地がよく、どこよりも手ごろな価格の物件を用意すれば、競合他社には確実に勝てると思いました。受講してくださったのは主にサラリーマンで、実際、セミナーを開くと1回に20～30人は確実に集めることができたのです。

しかし、会社の売上は伸び悩みました。理由の一つは、熱心にセミナーを受講してくださるお客様が多かったものの、契約まで至るケースが少なかったためです。会社としての実績も信用もなかったので、クレドのセミナーで勉強し、投資用マンションは大手不動産会社から購入するというお客様が少なくなかったのです。

もう一つ、投資用マンションの仕入れに予想以上に苦戦したことも挙げられます。クレドには、好条件の商品をお客様にご紹介するという強いこだわりがあったわけですが、立地がよく、手ごろな価格のマンションはたくさん出回っているわけではありません。そのため、お客様からせっかくご相談をいただいても、すぐにご紹介できる物件がないことも少なくなかったのです。

その間、当社の売上の半分以上を占めていたのは、同業他社への物件の卸しによる収入でした。独立して初めて気がついたのですが、私は意外と相場観を備えているほうで、卸しには向いていたようなのです。仲介の現場から最新の市場動向を教えてくれる知人がいたことにも助けられたのですが、私はこれまでに1、000件以上の卸しを行って、赤字の取引は2回しかありません。それも10～20万円程度の小さな損で済んでいるのです。

そうして、なんとなく経営し、なんとなく売上が上がるという時期が続きました。社員が一人増えては一人やめるということが何度かあり、2年後、会社はまた創業当時の3人に戻っていました。

実はこの間、私は会社を拡大することへの恐れを抱きながら過ごしていました。とにかく失敗したくなかったのです。2014年に恵比寿の明治通り沿いのビルに移転し、オフィスが多少広くなったのを機に、営業職の社員、アルバイトのテレフォン・アポインターなどを採用し、会社は10人ほどの所帯になりましたが、オフィスや人員が拡大してもなお、できる限り安全な範囲で経営していきたいと考えていました。

しかし、拡大しないことによる弊害も表れはじめていました。特に大きかったのは、当社の実績や信用が足りないためにお客様に十分なサービスが提供できないということでした。投資用マンション購入のためにローンを組むお客様に有利な金融機関をなかなかご紹介できなかったり、物件の仕入れが思うようにできず、商品の選択肢を増やせなかったりして、ジレンマに陥るようなこともあったのです。

また、当時の私は営業成績が上がらない社員がいても、目をつぶってなにも言いませんでした。かつて在籍した会社が理不尽と言えるほど厳しい仕事環境であった反動から、とりあえずメシが食えて、楽しく働ければそれでいいんじゃないかという感覚があったのです。オフィスに緊張感はなく、社員は全員が機械のように定時ぴったりに退社するという毎日でした。それはそれで悪いことではないのですが、企業としての成長を妨げる一因になっていたのです。随分あとになってある社員からこんなことを聞きました。「当時は会社がなにを目指していて、自分がなんのために頑張っているのかよくわからなかった」と。社員もまたぬるい環境に浸ったまま、疑問を持って過ごしていたようなのです。

私の目を覚ました経営者研修

クレドの変化のきっかけは、2017年8月、知り合いに誘われ、ある経営者研修に参加したことでした。忙しい中、2泊3日も拘束され、40万円近い費用を払って行くのもどうかと思ったのですが、現状を打開するきっかけをつかめればという思いもあり、参加することに決めました。

セミナーには講義やワークショップなどさまざまなプログラムがありましたが、正直なところ、営業論などの講義はあまりピンときませんでした。「経営者たるもの、休みなく働け」「朝6時に会社に行け」といった精神論が多く、なかなか共感することができなかったからです。

しかし、ある講義で「会社の目標は?」という問を投げかけられたとき、私は愕然とすることとなりました。なぜなら、自分の中になにも答えがなかったからです。サラリーマン時代、渡邉美樹さんやコヴィー博士の本に影響され、あんなにしっかりと自分の目標を立てていたのに、経営者としてはそれが全く抜け落ちていたのです。その講義では、「中期計画を立てる」「そこに意味をもたせる」という２つの言葉も私の心に強く響き、会社に帰ったら目標と中期計画の作成に取りかかろうと心に決めました。

ペンを持ち、目標を書きはじめるには、６時間もかかりました。目標が見えなかったからではありません。「会社を大きくすること」への決心が必要だったからです。

心の中は恐れと葛藤でいっぱいでした。「頑張るぞ」「いや、今のままでも食えてるじゃないか」「リスクを避けるには、フリーになって一人でやる手もある……」など、さまざまな思いが去来していきます。それでも、最後には「やるしかない」と腹をくくり、目標づくりに取りかかったのです。そうして完成したのが、『五か年計画書』です。

五か年計画書（2017年10月1日）

【目標】

２０２２年11月期　年商60億円　経常利益2億円
年間販売戸数３００件、管理戸数１、０００件

推移

２０１８年11月期　年商20億円　年間販売戸数１００件
２０１９年11月期　年商29億円　年間販売戸数１４４件
２０２０年11月期　年商36億円　年間販売戸数１８０件
２０２１年11月期　年商48億円　年間販売戸数２４０件

社員体制

営業部（カスタマー担当・法人担当）………８名

開発事業部（仕入れ担当）……………………8名
総務・人事部、経理部、マーケティング部、
業務部（契約・ローン担当）………………10名
賃貸管理部……………………………………4名
合計30名

【経営基本観】

●我々が目指すのは、ライフ・プランナーとして中古マンション投資の最高のアドバイザーになる事。その為には豊富な知識とデータと経験を元に、お客様の将来像を共有し、お客様の立場に立って提案し、お客様を成功に導く事です。

●マンションを販売しておしまいでなく、各人が責任を持ってお客様をしっかりとフォローをし、お客様との約束を守る事によって、信頼を勝ち取る事ができます。それがひいては仕事に対するやりがい

（精神的な幸せ）に繋がっていきます。

［考え方］

●規模の拡大によりお客様の満足度をより高めることが可能となる。仕入れのしやすさから物件の紹介がやりやすい。提携金融機関が多くなる。広告費拡大によるブランディング強化で安心感。賃貸管理の充実等。

●投資したいと思う人が多く営業しやすい今のうちに基盤をつくり成長する事によりその後の不動産価格下落後のチャンス時に一気に勝負する。

●時代の波を読み変化する事を恐れずに取り組む。今は中古の区分マンションだけを扱っているが次の柱を育てる。

●5年後の営業8名で年間300件やるには月平均一人3件以上売れる営業体制が必要。
●管理件数を増やしていく。
●広告戦略、ブランディング強化は重点課題。

目標を書き上げると、それまでの葛藤は不思議と消えて、前向きな思いが自分の中に湧き上がってくるのをはっきりと感じました。

さらに会社としての考え方を明確にし、社内の全員と共有するために、この目標を企業理念という形にも昇華させたいと考えました。そこで、専門家の力を借りて、３カ月ほどかけて明文化したものが現在のクレドの企業理念カードです。

株式会社クレドの企業理念

すべてはお客様の未来のために。

クレド（約束）

私たちは、お客様の人生を豊かにするために存在する。
誰よりもお客様の人生を考え、何よりもお客様の幸せを大切にする。
次の世代、またその次の世代へと未来に資産が受け継がれていく中で、
世代を超えて、最も信頼できるライフパートナーとなる。
また、事業を通じて関わる人とのご縁を大切にし、
日々の感謝を忘れずに社会のために貢献し続ける。

思えばA社の頃、不動産業界に入りたての私が何件もの契約を取ることができたのは、最初のお客様からお知り合いを紹介していただいたおかげでした。大阪のC社時代にお会いしたご夫婦のお客様とはその後も長いお付き合いが続き、出会いのありがたさ、お客様に誠実に接することの重要さを学ぶことができました。

お客様のことを最優先に考えることと、仕事でもプライベートでも、出会ったすべて人の幸せを願うことの大切さは、20代半ばの私がお客様に身をもって教わったことであり、これからも、いつまでも、私の生き方の変わらないポリシーでもあります。

「ただマンションが売れればいい」という考え方の会社にいた頃は、いつも人にうしろ指をさされながら仕事しているような感覚がありました。一方、お客様の成功を願い、お客様との信頼関係を築き、同僚とともに前を向いて仕事に取り組むようになってからは、毎日の充実感も仕事の成績も向上したのは先にお話しした通りです。もちろん企業であるからには利益を上げることは大切な目的ですが、利己的なやり方や不誠実な態度で臨む仕事に未来はありません。

クレドの創業にあたっても、私が真っ先に考えたのは、「お客様には絶対に失敗してほしくない」ということでした。クレドの使命はお客様の投資を成功に導くことであり、そのためにすべきことは明確でした。それは、『五か年計画書』の考え方そのままに、お客様にとって最高のアドバイザーになることです。ご購入いただくことがゴールなのではなく、そこをスタートとして管理などのアフター・フォローの手も抜かず、お客様の投資計画をサポートしていくことが私たちの使命です。

お客様にご提案する際は、不動産だけでなく全体を見て、お一人おひとりの資産運用の目的に最適のプランを届けることが不可欠です。そのためにはお客様のライフステージにふさわしいアセット・アロケーションを形成できるパートナーであることも大切です。

今が時機ではないと判断したときは、不動産の購入をあえてお勧めしないこともあります。お客様をだますことは、自分の気持ちをだますことでもあります。お客様のためにベストを尽くした仕事ができてこそ、私たちはやりがいを感じ、仕事に誇りを感じることができるのです。

すべてはお客様の未来のために。

私の思いのすべてが、この一言に含まれています。そして、企業理念となったとき、この言葉はクレドの社員全員の思いとしても新しい一歩を踏み出しました。私たちの使命は、お客様との出会いの中で、日々、この言葉を実践していくことなのです。

ついに未来への第一歩を踏み出す

企業理念をつくり上げ、俄然、モチベーションの上がった私は、２０１７年11月ごろからこれまで以上に営業に力を入れたり、１冊目の書籍の執筆を始めたりと、思いつくことにはどんどん取りかかっていきました。また、

２０１８年2月には、会社の拡大を見据え、現在の渋谷区恵比寿一丁目のビルへとオフィスの移転も果たしました。

企業理念カードが完成してからは社員の意識も目に見えて変わり、一人ひとりが理念の実現のために、自分になにができるかを考えるようになっていることも感じていました。といっても、メンバーはウォーミングアップの最中で、この時点ではまだ私一人だけにスイッチが入り、空回りしていることは否めませんでした。そのため、家賃の高いオフィスに移転したことでランニングコストが大幅に上がった一方、売上は思ったようには上がらず、下手をすると倒産するかもしれないというところまでクレドは追い詰められていました。

その状況は、これまでは私個人のスキルで会社の大部分が成り立っていたけれども、今後は自分の力だけでは会社を支えきれないということを示してもいました。これからはもう、〝個〟ではなく〝集〟として会社を動かさないと、成長も存続もできないということを悟ったのです。

そんな中、ある出来事がきっかけで、私は初めて社員全員に喝を入れることとなりました。「会社が潰れそうってときに、おまえら、なにやってるんだよ！」「できないなら、会社を閉めようよ！」「目標を達成していかないと、会社は生き残っていけないだろ！」……。普段は温和な私が感情的になって、大きな声を出したので、皆びっくりしたことと思います。

その後は声を荒らげることはなく、あとは自分の背中で見せていかなければと思いながら過ごしていきましたが、工藤の協力もあり、社内は急激に変化していきました。そして、２０１８年の初夏からは売上も大幅に伸び、上半期の停滞を取り戻すことができました。さらに、会社の規模とともにビジネス上でお付き合いする相手の規模が大きくなっていったり、大手の提携銀行との関係を築いたり、会社の信用が向上したりといったことを実感できるようになっていきました。

２０１８年、クレドはようやくあるべき姿に生まれ変わり、現在と未来に繋がる成長を始めたのです。

第5章

資産運用はプロを目指さず〝賢いアマチュア〟でいこう

年収1、000万円でも〝貯金ゼロ〟の人生は貧しい

――都会暮らしにはなにかとお金がかかる

ビジネス誌ではしばしば「家計の見直し」というテーマで特集が組まれますが、そんなときによく出てくるのが〝年収1、000万円・貯金ゼロ〟という見出しです。

年収1、000万円と言えば国税庁発表の平均給与467万円（2021年10月1日現在）の倍以上にあたりますし、年収700〜800万円にしても大手のメーカーや保険・金融業界、エネルギー業界などでないと、なかなか得ることのできない金額です。しかし、物価の高い東京周辺に暮らし、家賃やローンを支払いながら子育てしていたりすると、全然ゆとりがないという人は少なくないのではないでしょうか。

2020年12月、ネットニュースで「東京で普通の生活を送るには、どのぐらいのお金が必要か」という記事を読んだのですが、それによると夫婦と

子ども2人の4人家族の場合、家賃、食費、教育費、税・社会保険料などを積み上げると、30代は月約54万円・年間約650万円、40代は月約62万円・年間約740万円、50代は月約80万円・年間約960万円の費用がかかるのだそうです。これは東京地方労働組合評議会が2019年5～8月に行った大規模な生活実態調査などに基づく試算で、年代が上がるほど必要費用が増えるのは、子どもが成長するとともに教育費がかさんでいくからです。

そこそこの収入があっても安心できないことが、この試算を見てもわかります。蓄えに回せるお金には限界がありますし、趣味・娯楽を楽しんだり、欲しいものを買ったりするお金もなかなか捻出することはできません。

ちなみに、一定以上の収入があると、使う金額が増えてしまうという傾向があるのは否めません。稼いでいるという実感はありますから、外食代が高くなったり、スーパーに行っても高価な食材を手にとったり、服飾品などにも高級品を選んだりしがちです。お付き合いの範囲が広がって、交際費が大きくなることもありますし、子どもを名門校に入れるために塾や家庭教師に大きなお金を払っていることもあるでしょう。

また、「最近、ようやく稼げるようになった」という人の場合は、もらっただけ使ってしまうという傾向がよく見られます。収入がアップしたものの、お金に関するリテラシーがまだできていないために、ついつい調子に乗ってしまうのです。実は20代後半の私がそうでした。入ってくるお金をどんどん使ってしまうので、お恥ずかしいことですが、年収1、500万円になって3年経っても、アルバイト時代につくった借金が完済できずにいたのです。思い出すと、「もう、ちゃんとしろよ！」と昔の自分に言いたくなりますが、たしかに欲しいものがあると、あまり値段を気にせずに買っていましたし、後輩と飲みにいくと格好をつけておごったりしたものです。

また、当時は一人前の社会人として、もっと上質なスーツをつくってみようとか、靴にこだわってみようとか、そういうお金の使い方もしました。その経験は楽しいものでしたし、すべてがムダ遣いだったとは思いません。ただ、ここで言いたいのは、「お金は意識しないと出ていくばかり」ということです。

前途したように、当時の私は仕事や遊びに毎日を充実させることしか頭になく、自分自身の資産運用には目も向けず生活していました。この頃は日経平均株価も1万円ほどで推移していたので、今の3分の1程（2021年10月時点）です。毎日を忙しく充実したものにすることはよいことですが、若いうちに資産形成に目を向けていれば、資産はもっと大きくなっていたでしょうし、時代を読む力も身についていただろうと、今になって後悔しています。

みなさまは自分と家族の将来をどのようにしていきたいとお考えですか。毎年、海外旅行がしたいとか、子どもたちを留学させてやりたいとか、夫婦二人の暮らしになったら住まいをリフォームしようとか、定年後は豪華クルージングで世界各国を旅したいとか、さまざまなイメージをおもちかと思います。

それらのイメージを実現するのには、一体どの程度の蓄えが必要でしょうか。そして、現在の勤務先の給与収入だけで実現が可能であるのか、不足するのであれば、その不足分を補うのにどんな方法があるのかを知ることが大切です。まずは毎月の固定費をすべて洗い出し、一つひとつチェックしてみることが家計の見直しの第一歩です。将来の夢を叶えるためにも、気づいた“今”が最善のはじまりの日です。

――70代になって大金を相続しても……

不動産、株式、債権、投資信託、生命保険など、資産にはいろいろな種類がありますが、日銀が公開している家計の金融資産構成を見てもわかる通り、日本人は資産の大半を〝現金〟という形で保有しています。

しかし、普通預金で金利0・001%、1、000万円以上の大口定期預金でも金利0・2%ほどの現在、現金を預けて資産が増えることは決してありません。しかも、物価が上がったら、現金の価値はどんどん目減りすることにみなさまは気づいているでしょうか?

多くの日本人は親から「貯金しておきなさい」と言われていたこともあり、「現金で持っていると安心だから……」という心理の人が多いのですが、生活する上で必要な安心や本当の安心とはどういうものなのでしょうか。多くの人は、「万一のときに、すぐに使える現金があれば安心」とか、「預金なら、資産運用のように失敗するリスクがない」と考えているのかもしれません。でも、現金でなければ、本当にその安心は手に入れることができないのでしょうか。

家計の金融資産構成

（2020年 日本銀行調査統計局調べ）

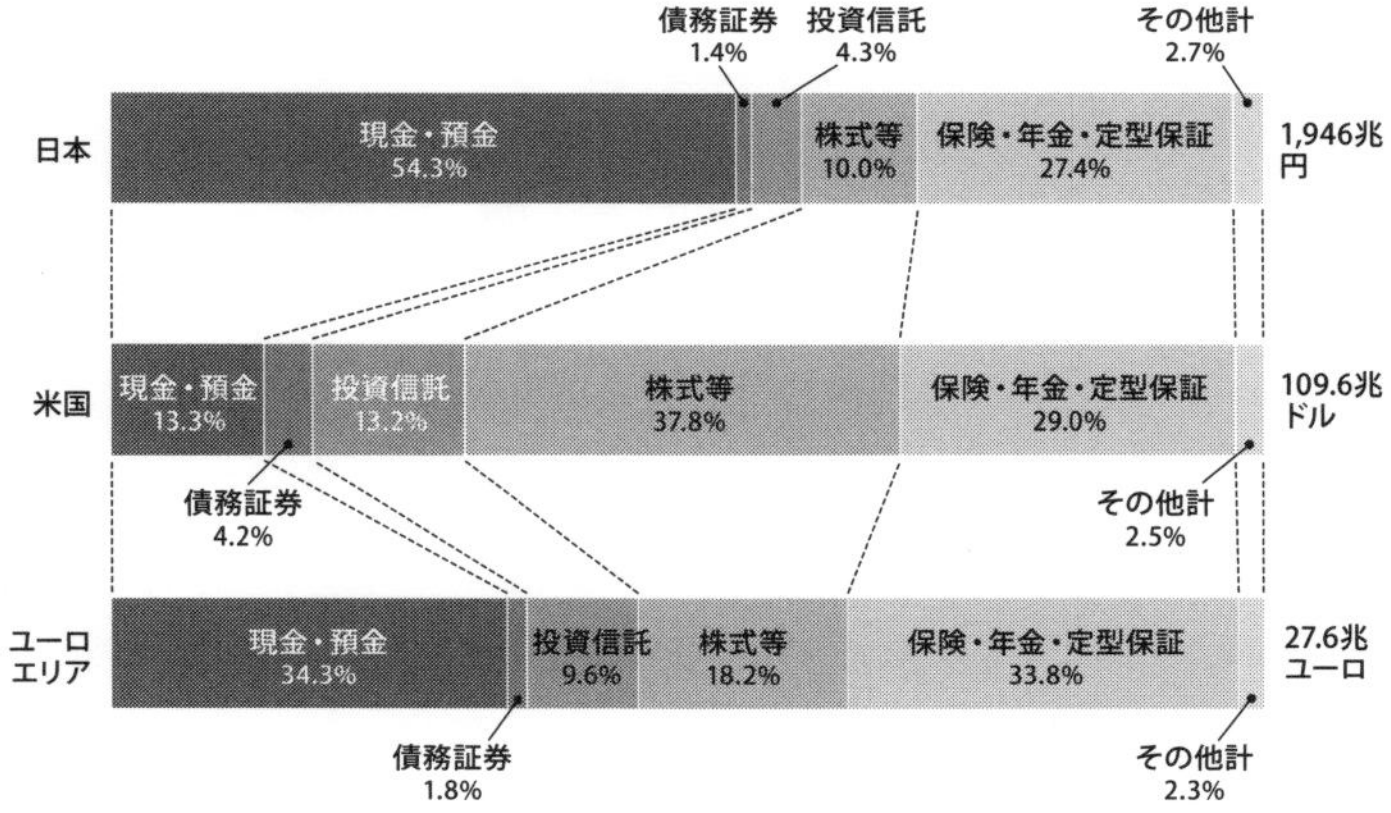

金融資産合計に占める割合(%)

*「その他計」は、金融資産合計から、「現金・預金」、「債務証券」、「投資信託」、「株式等」、「保険・年金・定型保証」を控除した残差。

元本の2倍の金額になるのはいつ？「72の法則」

運用しているお金が元本の2倍になるには何年かかるのか？「72の法則」という計算式を使うとそれがすぐにわかります。

●元本の2倍の金額になるのは何年後？

72÷金利（％）＝投資期間（年）

例）金利3％で運用したら——

72÷3（％）＝24（年）↓ 24年後に元本の2倍の金額に

右の計算例の通り、金利3％で運用したとしたら、元本が2倍になるには24年かかります。では、預貯金の場合はどうでしょうか？ 金利0・001％の普通預金は、72÷0・001（％）＝7万2、000（年）、金利0・2％の大口定期預金では、72÷0・2（％）＝360（年）で、それぞれ7万2、000年後、360年後という天文学的な数字が出ました。ここからも、預貯金はほぼ運用にならないということがわかります。

この計算式を応用すると、目標の期間で元本を2倍にするには、何パーセントの金利で運用するとよいのかを知ることもできます。

●目標期間で元本を2倍にするための金利は？

72÷投資期間（年）＝金利（％）

例）元本を20年で2倍にするには――

72÷20（年）＝3・6（％）→ 3・6％で運用すると20年後に2倍の額に

右の計算の通り、年利3・6％で運用すると、元本を20年で2倍にすることができます。これが15年なら金利4・8％、10年なら金利7・2％となり、よりハイリターンの運用方法にする必要があることがわかります。

もう一つ、日本人に多いのが、お金を貯めるだけ貯めて、使わないというパターンです。私の祖母がまさにそのタイプの人でした。

祖父は電力会社に勤める普通のサラリーマンでした。1950~70年代の高度経済成長期を経験している世代で、祖母は結婚して間もない頃から祖父の給料の中から株式を購入し続けていました。

本当に少しずつ、コツコツと買っていたのですが、何十年も続けていたので、あるとき本人に聞いたらかなりの資産になっていることを知りました。リーマン・ショックの時期にはだいぶ目減りしたそうですが、それでも相当な金額が残っていました。毎日、新聞はきっちり読むし、大正生まれの女性にしては、株のことや政治・経済のことにかなり詳しかったのは間違いありません。

そんな素晴らしい祖母なのですが、貯めこむだけでお金は使わないまま94歳で亡くなりました。衣食住のすべてにおいてなんの贅沢もしない人で、家屋は老朽化して傾いていましたが、壊れたところだけ修繕して、最後まで建て替えることはしませんでした。体を壊してからの数年間は老人ホームに入っていましたので、ますますお金を使う機会はなかったと思います。

祖母が亡くなったあとは、父とその妹である叔母が資産を相続しました。しかし、70歳を過ぎた父は脳こうそくで倒れ、以前のように精力的に活動することが難しくなってしまいました。叔母も持病があり、自由に活動することができません。そんな状況の二人なので、せっかく相続しても、人生を心豊かにするようなお金の使い方ができる状態ではなかったのです。元気なら、あるいはもう少し若い時代だったら、いい車を買うとか、海外旅行をするとか、好きなことがなんでもできたのでしょうが、病気を抱える二人ができることは、せめて住まいのバリアフリー化にお金をかけるとか、高級な老人ホームに入ることぐらいでした。

言い方は悪いですが、そのような状況を間近に見ていた私は、心豊かにお金を使えないのであれば、相続してもあまり意味がないと感じてしまったのです。

――生きたお金の使い方って、なんだろう？

欧米の人々は夏になると、長い場合は2カ月もの休暇を取り、家族で楽しむといいます。1カ月も2カ月も仕事を離れるなんて、日本人にはなかなか想像できませんね。フランスに至っては、すべての労働者が2週間の有給休暇をとることが法律で義務づけられているので、これはもう文化が違うとしか言いようがありません。

長期休暇を過ごすには結構な費用がかかりそうですが、さまざまな格安航空券があったり、自炊できるコンドミニアムや週単位で借りられる宿泊施設があったりと、休暇をリーズナブルに過ごすための環境も整っているようです。

その一方で、人々が休暇を楽しむ軍資金としているのが、株式や不動産投資などから得る運用益なのだそうです。資産運用を実践し、それを自分と家族の幸せのために使うというのも、これまでの日本人にはあまりない発想であり、これもまた文化の違いだと私は思います。

こんな話を書いていて改めて思うのは、お金はやはり大事で、一定のお金があってこそ、家族の暮らしをより豊かにしたり、素晴らしい体験をする選択肢が増やせるということです。

お金たちも、銀行で眠っているよりも、そんな使われ方をした方が喜ぶと思いませんか？　生きたお金を使うということを私たちはもっと意識したほうがいいのではないかと思うのです。

私の祖母もそうだったかもしれませんが、日本人の心の中にはどこか「お金を使うのは悪」という概念があるようです。言い換えるとしたら、「節約は美徳」でしょうか。でも、節約だけの人生は面白くありませんよね。締めるところは締め、使うべき場面ではしっかりと使う、それもまた生きたお金の使い方であり、人生を楽しむポイントの一つだと思います。

私たちが使っているお金の中には、「なんとなく」とか「とりあえず」ということで、あまり深く考えずに支払っているものがたくさんあるように思います。

その代表例が生命保険です。「皆も入っているし、とりあえず入っていれば安心」と多くの人が生命保険会社に勧められるがままに加入しています。

貯金のつもりで終身保険に入っている人は多いのですが、一般的な終身保険には付加保険料がついています。そのぶん保険料が高くなり、しかも保険商品が利回り3・5～4％と謳われていたとしても付加保険料を払うことで実質の利回りは2％程度になってしまうのです。

ここで言えるのは、貯蓄と死亡保障は別々に考えたほうがよいということです。蓄えをつくるなら、このあとにご紹介する個人型確定拠出年金の「iDeCo」や非課税の「つみたてNISA」などのほうが効率的です し、一定額の死亡保障なら、テレビでよくCMが流れている安いプランの保険で十分だと思います。こういうことを、私たちは個人コンサルタント的な視点でアドバイスさせていただいているわけです。

なお、死亡保障についてもう一つ言えるのは、資産形成に不動産投資を加えたとしたら、もう付ける必要はないかもしれないということです。

なぜなら、殆どの不動産ローンには団体信用生命保険（団信）が付随していて、万一、ローン返済中に契約者が死亡したり、高度障害状態になったりしたときは、保険金によって住宅ローンが完済されるからです。万一の場合、残されたご遺族は無借金で不動産を相続し、居住用であればそのまま住み続けることができますし、収益物件であれば、毎月の家賃収入をそのまま継続的に得ることができます。最近はこの団信に「がん特約」を付けることもできます。がんと診断されたら残債分の保険金が下りて、無借金でその不動産を持ち続けることができます。収益不動産であれば毎月の家賃を治療費にあてることもできますし、完治してもその後の返済を求められないというものなので、覚えておくとよいでしょう。

こんな話からも、資産形成にはさまざまなメニューがあり、その中から最適のものを組み合わせることが大切だということがおわかりになると思います。そうした情報を一人で集めるのは大変ですが、そんなときは私たち資産運用のプロに聞いていただければ、お一人おひとりに必要な情報をご提供することが可能です。ちなみに、保険の相談窓口では、結局、保険商品に誘導されることが多いので注意が必要です。

なお、生命保険に関しては、利率の悪いドル建ての保険商品を投資メニューに加えていたり、独身者が必要以上の金額の死亡保障に加入していたり、複数の保険会社の商品に契約し、保障内容が重複しているといったケースも見受けられますので、やはり自分の現状と保険内容をしっかりと把握して商品を選ぶことが大切です。

保険を例にお話ししましたが、要はお金を「どこに、どう使うか」を考えることが重要なのです。そして、これを考えるときは「自分への投資」「将来への投資」という視点も大切になってきます。

例えば、少し贅沢だと感じても、よい芝居を観る、上質なレストランで食事をする、高級ホテルに泊まるといったことで得た経験や知識は、その人の財産となり、将来的に役に立つということは少なくありません。私の場合、最近はパーソナル・トレーナーのいるジムに通って健康・体力・体型維持に努めていますが、将来、生活習慣病になって病院通いをしたり、体力が衰えてしたいことができなくなったり、体型に合わせて洋服一式を買い替えなければならなくなることを思えば、通常のジムより高い会費を払ったとしても、決して贅沢ではないし、意義があることだと考えます。

生きたお金の使い方というのは、人それぞれの嗜好やライフスタイル、家族構成や世代によって異なります。10年後、20年後の自分がどうありたいか、50年後にはどうなっていたいか、まずはそんなことをイメージしてみるとよいでしょう。すると、そのためにはどこにお金がかかるのか、いくらぐらい必要になるのかということがわかってきます。

私のことで言えば、41ページでご紹介したワタミ社長の渡邉さんの本に影響されて書いた目標がそのベースになっています。20代のときに書いた将来目標ですが、年月が経っても意外と自分の発想は大きく変わってはいません。ただ、現在の自分の状況に合わせていくらか内容を修正したり、バージョンアップしたりしています。

目標を並べてみるということには、読者のみなさまにもぜひ挑戦していただきたいと思います。自分のしたいこと、欲しいもの、なりたい自分を考えることは第一に楽しいことであり、自身に関する意外な発見もあるものです。

その後、叶った目標を確認していくという楽しみもあります。そして、いくつでもいいのですが、目標を叶えた人間にだけ感じられるもの、見えるものがあることに気づくと思います。例えば、私は年収アップや会社を持つという目標を叶えたことで、出会う人々の輪が広がりました。それも同業の経営者、異業種の経営者など、多彩な経営哲学や人生哲学をもつ人々です。それらの出会いは仕事に役立つだけでなく、自分自身の見識を広げ、人間性や考え方を成長させてもらうきっかけにもなりました。それはとてもありがたいことだと思っています。

これを書いていて思い出したのですが、知人の経営者には運転手をつけている人が少なくありません。そこには、移動時間を有効に使える、自身が事故を起こしたり、違反を犯したりするリスクがなくなるといったメリットがあります。もちろん、運転手を雇うにはそれなりの人件費がかかりますが、これもお金を有意義に使う例の一つかもしれませんね。という私自身は車が好きなので、いつも自分で運転しているのですが。

資産になるものを持つということ

「貯金をするなら、ロレックスを買え」とはよく言われることです。言い換えれば、まとまった金額のものを購入するときは、「その商品の資産価値について意識してみよう」ということになると思います。貯金をしても金利は殆どつきませんが、ロレックスをはじめとしたブランド時計の人気モデルなら、将来的に購入価格よりも高い価格で売ることができるからです。

実は私もしばらく前に、父からロレックスの時計を譲られました。祖母の財産を相続したときに買ったそうですが、これが意外にも希少な製品で、数年で購入価格の2倍に上がっていてびっくりしました。

女性の場合は、エルメスのケリーバッグやバーキンもよさそうですね。3カ月に1回、パーティーのときだけは使うなどの楽しみを兼ねて持ってみてはいかがでしょうか。

また、中古になっても価格が下がらないものとしては、フェラーリ、ベンツをはじめとした輸入高級車の上位クラスが挙げられます。何年か乗ったとしても、資産価値はむしろ上がっているということはよくあるので、私の知人にも車に投資する人は少なくありません。

一方、1~2万円から投資できるものとしては、ワインが面白いと思います。ワインセラーも数万円以内で手に入りますので、希少ブランドを見つけて、何年か寝かしておくというのも夢があってよいでしょう。

また、ブランドものの服飾品のコラボアイテムや限定品のコレクションはいかがでしょうか。例えば、ナイキ、シュプリームの人気アイテムには思いがけず高騰するものもあるようです。

――自分らしい人生のために、資産運用はしたほうがいい

この章の冒頭に〝年収１、０００万円・貯金ゼロ〟と書きましたが、これはなにも恥ずかしいことではありません。首都圏での生活にはそれなりの費用がかかりますし、決して安くない税金・社会保険料などを払っているわけですから、お金がそうそう残らないのも当たり前です。

ただ、それをそのままにしておいたら、なにも変わりません。「稼いだお金をもっと残すにはどうすればいいのだろう？」「手元のお金をもっと有効に活用する方法があるのでは？」といったことをまずは意識的に考えてみることが大切です。

私はよく「30代が分かれ道」と言います。40代でも遅くはありませんが、資産運用を始めるなら、早ければ早いほど時間という武器を有効に使うことができるので高い投資成果が期待できます。まさに塵も積もれば山となるで、小さな投資でも自分にできる範囲で長く続ければ続けるほど大きな意味があるのです。

60歳を過ぎても仕事に生き甲斐を見いだして、働き続ける人もたくさんい

ますが、定年後は悠々自適に過ごしたいのに、資産形成が貧弱なために仕方なく第二・第三の職場で働き続けているという人もいます。一方では資産形成に成功し、スパッと仕事をやめ、自分のために生きることに切り換えている人もいるわけです。自分の老後を想像したときに、社会との接点をもつために働くのか、そもそも働きたいから働くのか、それとも、生活のために働かざるを得ないから働くのかには大きな違いがあるでしょう。

老後に限らず、早期リタイアをして、それまでとは違う人生を送るなど、将来の選択肢を増やすことができるのは、資産運用によって経済的な自由を手に入れられたごく一部の方々です。なにもせずに年をとっていくのか、なんらかの準備をすることができたかで、全く違う人生が待っています。

最近、たまたまクレドを設立して間もない２０１２年頃のお客様と話す機会がありました。当時は20代後半で現在は40歳手前に差しかかっている方です。まだ資産運用が海のものとも山のものともわからない状況の中で、不動産投資を効率よく運用することを目的に、お客様と一緒に10年計画をプランニングさせていただきました。今はその計画通りに進み、マンション２部屋の購入のために組んだ不動産ローンもほぼ完済している状況です。また、マンション投資を始めたことで、投資に対して前向きになったことで、株式投資も積極的に行ったそうですが、その甲斐あって、アベノミクスによる上昇気流に上手く乗ることができ、10年前とは比べ物にならないほどの財産と知識をおもちになっていました。今はやりがいを感じながらバリバリ仕事をしていらっしゃいますが、家賃収入や株の配当収入である程度の生活基盤ができているので〝ＦＩＲＥ〟も視野に入れたというお話をうかがいました。

このように、今だけでなく、30年後、50年後も、安心できる暮らし、自分が快適だと感じる暮らしに身をおくために、ロングレンジでの資産形成を実現する必要があるのです。そして、早くから資産運用の必要性に気づき、投資をはじめた人ほど、そのチャンスを将来の自分のために確実に生かすことができるのです。

金融リテラシーは鍛えるもの

——失敗例の多くは、知識・意識の低さが原因

先日、テレビの情報番組で、２０２２年度より高校の家庭科の授業で金融教育が導入されるということを知りました。金融広報中央委員会の『金融教育プログラム』には、「金融教育とは、お金や金融の様々な働きを理解し、それを通じて自分の暮らしや社会について深く考え、自分の生き方や価値観を磨きながら、より豊かな生活やよりよい社会づくりに向けて、主体的に行動できる態度を養う教育」と記されています。生活における経済計画の大切さや金融商品、資産形成の知識などを学ぶのだそうで、かなり踏み込んだ内容になる様子です。

欧米では昔からお金に関する授業が学校で行われていますし、アメリカでは子どものうちから街角でレモネードを販売する体験をして、どうやって利益を最大化させるかということを学び、親も子どもたちに積極的にお金や資産運用の話をするといいます。一方、日本では学校でも家庭でもお金につい

ての教育を受ける機会が殆どないので、日本人には金融リテラシーの低い人が多いといわれます。社会人になっても、お金や資産形成に対する意識や知識が不足した人が多いのです。

不動産投資の現場にいても、お客様の知見がもっと高かったなら、その失敗は避けられたのにという場面によく遭遇します。特に多いのが、相場とかけ離れた価格のマンションを購入してしまうケースです。

第３章でも触れた通り、売りっぱなしでアフター・フォローをしない会社や悪知恵を働かせてお客様をだまそうとする会社はたくさん存在しています。近年では〝かぼちゃの馬車事件〟と呼ばれるスルガ銀行の不正融資事件が社会問題化しましたが、長期間のサブリース問題や年収の改ざん問題など、ニュースに取り上げられるようなトラブルは業界内では最近でも多数起こっています。

私の身近でも、最近、こんなことがありました。山手線の人気駅から徒歩６分・築10年前後という好条件のマンションが、安い値段、しかも、かなりの高利回りで市場に出ているので投資しようと思っているとあるお客様から相談されたのです。

「なぜ、こんなにいいマンションが、安くて高利回りなんだ?」と不思議に思って調べてみたところ、表記上は2階なのですが、実際は地下1階で採光も悪い物件だということがわかりました。表記されている想定賃料ではまず借り手がつかないので、実際の運用利回りは下がることが予想されます。しかも、売却を考えた場合は購入価額の半分ほどまで買い叩かれることもありそうです。不動産会社による不適切な評価が行われているわけで、これを鵜呑みにして購入すると、その投資は間違いなく失敗するでしょう。

このあとに不動産投資の失敗例・トラブルの例をご紹介しますが、少なくとも自分で現地を見たり、対象エリアの物件価格や賃料の相場を確認していたならば、不動産会社が提示する数字が現実とは乖離していることに気づいたはず、というケースは少なくありません。

「提示されたプランの利回りは、現実の家賃相場よりだいぶ高く設定されているな。もっと値下げしないと借り手はつかないから、収益もこんなに出るはずがない」

「この物件価格は地域の相場に照らしてだいぶ高いようだ。将来、売却しようと思ってもこの値段では売れないから、かなりの損が出るだろう」

こんなふうに気づきさえすれば、不動産会社に言われるままのプランに投資することはありませんよね。

ちなみに資産運用が相場より高い賃料でプランを作成するのは、粉飾した数字によってお客様の心を動かそうということと、販売時に高いマージンを稼ごうということの２つの意図があるからです。もはや詐欺に近い悪質な営業と言えますよね。このような会社の場合、もちろん販売後のアフター・フォローをしようとは思っていないことも明白でしょう。お客様は泣き寝入りどころか、深刻な空室リスクと売るに売れない資産を抱え、将来にわたってマイナスの補填に追われることになります。同じような事例は不動産投資だけに限らず、生命保険のような身近な商品でもよく見受けられます。

私の知る限り、投資商品でこの手の問題を抱えている人の多くは30〜40代という若い世代です。かつては詐欺事件というと高齢者がだまされることが多かったのですが、最近は大学生をはじめ若い方々が被害に遭うことも増えているといいます。そんな被害から身を守るためにも、金融リテラシーは若いうちから身につけておくことが必要であり、教育の現場でお金や資産形成の授業がはじまるというのは、実に歓迎すべきことだと感じています。

不動産投資の失敗例・トラブルの例

〈条件の悪い物件〉

不動産投資の大前提は、購入した物件に借り手が付くということです。空室リスクを避けるためには、一定以上の条件を備えた物件を選び、現況賃料だけではなく相場に適した賃料設定をすること、そして、何年経っても建物の美観・居住性を保つための修繕・管理体制が整っていることが大切です。粗悪な物件の場合は、そもそも銀行の融資がつかないこともよくあるので注意が必要です。

[例] 駅から遠い、都心へのアクセスが悪い、日常の管理がよくない、修繕計画が不十分、総戸数が少なすぎる、物件のグレードが低い、地下・半地下の部屋、ネットで賃貸募集が多い、居室の形が悪い。

〈相場賃料との乖離〉

相場よりも高い賃料設定をして、利回りが優れているように見せかけられた物件です。賃料を下げないと借り手が見つからないので、予定通りの収益は得られません。しかも、物件を見切って売却しようと思っても、高い値段で購入しているので、思うような価格では売れず、損失が出る可能性があります。

〈管理手数料の増大〉

例えば、サブリース契約（家賃保証契約）を結ぶと、マンション・

オーナーは家賃保証が得られ、入居者募集・集金業務の手間や空室時の憂慮から解放されます。ただ、その手数料が高いと、資産運用の収支に影響が出る恐れがあります。都内のワンルームマンションの場合、保証賃料の手数料は募集家賃の10〜15％程度が相場ですが、中には20％も支払っているケースもあります。建物管理費は1万円前後が相場ですが、ひどいケースでは3万円という高額な設定がなされている場合も見受けられます。

〈サブリース（家賃保証）の破綻〉

サブリース付きの物件を購入したものの、長期間入居者がつかないために、毎月振り込まれるはずだった保証家賃額が入ってこないケースがあります。新築の区分マンションやアパート経営で聞かれることが多い手法ですが、マンションの販売利益だけを目的としている会社の場合、販売時の見栄えをよくするために、長期間の保証家賃額を釣り上げて販売をします。当然、近隣相場との整合性が取れないので、数年間は販売利益を削りながら補填はしますが、補填しきれなくなると保証家賃額の引き下げを提案してきたり、場合によっては一方的に解約を申し入れてくるようなことも起こり得ます。

この話は、小さい会社だから起きるとは限りません。最近では東証1部に上場している大手不動産会社でも問題視されていました。

不動産投資が長期の投資であることは周知の通りですが、30年、40年と会社を存続すること自体が難しい時代の中、家賃保証だけを頼りに不動産投資をすることが、いかに危険かということを十分に理解した上で投資をしましょう。また、前述の通りサブリースにも更新があり、そのタイミングで管理会社が賃料の見直しを行うことがあります。例えば、8万円だった賃料が7万円に下がると、投資利回りも大きく下がってしまいます。マンションさえ売れればそれでよいという姿勢の不動産会社から購入した際に起こりがちなトラブルです。

〈賃借人の急な退去〉

転勤や家庭の事情などで、マンションの借り手が想定外の時期に退去することはあるものです。ただ、あまり急だと次の入居者募集が間に合わず、空室期間をつくってしまうリスクがあります。それを避けるためには、賃貸借契約に「退去予告は2カ月前までに」などの解約条件を設けておくと安心ですが、それができるか否かは、賃貸管理をする不動産会社の力量やオーナー目線の意識によるところが大きいようです。

〈不適切なローン〉

お客様の知らないところで不動産会社が源泉徴収票を改ざんし、本来の借入能力以上のローンを金融機関に申し込むというもので、犯罪とも言えるケースです。複数の銀行にローンの申し込みがなされた結果、年収300万円ほどのサラリーマンがマンションを3戸購入し、1億円ものローンを抱えることになったというケースも発生しました。当然のことながらリスクマネジメントができていないので、ちょっとした問題で不動産経営が破綻してしまうリスクを抱えざるを得ません。営業マンの一方通行な言葉を信用せず、自分自身の支払い能力を考えて投資することが大切です。

〈借金抱き合わせのローン〉

少し前に社会問題化したケースです。消費者金融に借入のある人を対象に、「投資用マンションを買ってローンを組んだら、その借金もローンに組み込むことができる」という言葉で売り込みが行われました。資産を持てる上、借金が白紙になるようなスキームなので、多くのお客様が飛び付きました。しかし、殆どが都心から遠い立地の不利な物件で、多くは相場の2倍以上の高額な価格で販売されていました。返済プランも相場とはかけ離れた賃料収入を前提としていたので、誰もが1～2年で返済不能に陥ったのです。

〈賃貸管理会社の倒産など〉

賃貸管理会社とは、入居者募集・家賃の集金・滞納者への督促・入居者へのクレーム対応など、マンション専有部分の管理・運営を行う会社です。万一、賃貸管理会社が倒産したり、なんらかの理由で機能しなくなったりすると、家賃の未払い問題が発生しがちです。月々の家賃収入が途絶えると、マンションのローンの支払いに支障が出がちですが、管理会社が倒産した場合、未払い分は債権にはなるものの、その回収は難しいのが現実です。

〈建物管理会社の倒産など〉

建物管理会社とは、建物や設備の保守・点検、日ごろの補修やメンテナンス、大規模修繕工事の提案・実施など、建物全体の維持・管理を行う会社です。万一、建物管理会社の倒産や修繕積立金の使い込みなどの問題が起こると、日常的なメンテナンスや、大規模修繕計画に影響が出て、建物の資産価値の維持に支障が生じる恐れがあります。
また、ワンルームマンションなら都心部でも月数千円が相場の修繕積立金が、２万円、３万円に値上げされたりする可能性もあり、投資効果にも影響が出るので要注意です。

日常の中でマネー感覚を磨くことが大切

金融リテラシーを磨くのは、筋トレに似ています。一朝一夕で身につくものではなく、日々、トレーニングを重ねてこそ鍛えられていくからです。ビジネス誌や実用書を読むと知識はそれなりに入ってきますが、数字の変化から状況を感じとったり、自分なりの見解を出したりするには、経験や感覚がものをいいます。それらは日常の中でコスト感覚を磨いたり、お金の価値を実際に感じとったりする中で、次第に研ぎ澄まされていくものなのです。

経験値と感覚は、実践の中でしか磨かれていきません。そこで、トレーニングのために、少額の個別株式投資や「つみたてＮＩＳＡ」を始めてみてはいかがでしょうか。証券口座をお持ちでない方は、基本使用料や口座作成費用がかからないのでネット証券の口座をすぐにでも開設することをお勧めします。

投資を始めてみると、日経平均株価に急に関心が湧いたりするものです。新聞の経済面やビジネス誌の読み方が変わってきたりもするでしょう。さらには、アメリカの株価指数である「S&P500」や「ナスダック総合指数」などにも関心が向くようになるかもしれません。

そんな毎日を積み重ねているうちにトレーニングの成果が表れてきます。料理も回数を重ねることで、火加減や味加減が感覚的に上達するように、わずかな値上がりや値下がりにもなにかを感じとるようになっていたり、世の中の動きと株価の変動を繋げて考えることができるようになっている自分に気づいたりするのです。

当然、投資ですから、上手くいくことも損をすることもあるでしょう。そのすべてが学びとなり、次の投資をするときの判断材料となりますから、失敗も含め、若いうちに多くの経験をしておくことが大切です。損が出たときも、なぜ、こういう結果になったのかということを自分なりに検証する習慣を身につけましょう。

投資家で元・村上ファンド創設者の村上世彰さんの本に私が大好きなエピソードがあるのですが、それはお子さんたちのマネー感覚を養うために、外食のたびに料理の値段当てゲームをしていたというものです。

料理の値段は、材料、家賃、人件費などの原価に、店の雰囲気、サービスなどの付加価値が相まって決まります。そのさまざまな要素を考慮したうえで、各自が値段を出すというもので、お子さんたちも楽しんで考え、回数を重ねるうちに的確な数字を出せるようになってきたのだそうです。数字に強くなるし、自分の尺度で判断する習慣がつくと、流行にも振り回されることがなくなると村上さんは書いていますが、この話を読んだときはとても共感したことを憶えています。

お金のことをいつも身近に感じているということでは、資産運用に関心のある友人・知人がいるのなら、そうした人たちと話す機会を増やすこともお勧めです。

私は17歳のときにやめたテニスを数年前に再開し、月に2～3回、テニスコートに集まって汗を流しています。メンバーはかつての同級生数人で、職業はバラバラながら、全員が資産形成に高い関心を持っています。テニスのあとは食事に行くのですが、その時間は殆ど投資の話で盛り上がります。「銀行から、○○駅近くのマンションに投資をしないかという話がきているんだけど、どうかなぁ」とか「この間、仮想通貨で失敗した」などと。話しはじめると止まりませんし、最新の情報に触れる機会もあり、皆がこの時間を楽しみにしています。

日ごろから資産運用のことを考えていると、自然と投資関連の情報が入ってきたり、同じ関心をもつ仲間が増えたりすることがあります。クレドの社員も普段から資産運用の話をお客様にしていることもあり、同僚同士でお互いの投資話をしているところをよく見かけます。また、クレドのお客様とは個別で食事をしたり、オーナー交流会を開催したりして、お客様同士が気軽に話す環境を提供しています。金融リテラシーを高めるには、自分がどんな環境にいるかということも大切なのかもしれません。

――借り入れには、時間を買うという意味がある

株式や債券ならお小遣いの範囲で投資を始めることもできますが、都内のワンルームマンションに投資するには、通常、2、000〜3、000万円の資金が必要です。30〜40代のサラリーマンなら殆どの場合、不動産投資ローンを活用して投資することになりますが、その際、多くのみなさまの頭をよぎるのが、「借金はコワいな」という思いでしょう。私も事業に失敗して多額の負債を抱えた父の姿を見ていましたから、そう思う気持ちはよくわかります。

ただ、ここでお伝えしたいのは、一言で借金といっても、悪い借金と有意義な借金があるということです。

なんらかの理由で収入が途絶えていたり、毎月の返済額が大きくて返せる見込みがないのにつくる借金は悪い借金の代表です。生活にゆとりがないのに、分不相応な贅沢品を買うためにつくる借金もいいものとは思いません。返済のためにさらに生活が圧迫されるのだとしたら、やはりアンバランスです。

昔は借金の保証人になり、その返済を肩代わりすることになってしまったという話もよく聞いたものです。今は世の中の事情も変わってきているかもしれませんが、自分のためでもない、あるいは得体の知れない借金は悪い借金であることは間違いなく、絶対抱えるべきではありません。どんなに親しい相手でも、どんな事情があっても、ことお金のことに関しては、きちんと線引きすべきでしょう。

一方、資産形成のための借入は、健全な返済計画に則ったものであるならば、有意義な借金と言えます。これは投資用語では〝レバレッジ効果（てこの原理）〟と呼ばれています。

不動産投資のために組んだ投資用不動産ローンは、賃料収入の一部を使って返済していくことが前提です。基本的に給与収入から持ち出すわけではないので、生活への影響は殆どありません。さらに完済後に毎月入る賃料収入は、預金したり、さらなる投資の原資になったりと、生活のゆとり資金としても活用できるのです。

資産形成のための借り入れは、「時間を買うこと」と私は考えています。購入資金が貯まってから投資物件を買うとしたら、10年後、20年後になるかもしれません。しかし、借り入れを利用すれば、購入時期を前倒ししたうえで、そこから資産運用をスタートすることができるわけです。

悪い借金、有意義な借金

〈悪い借金〉

×返せる見込みのない借金
×贅沢品を買うための借金
×保証人になったためにできた借金

〈有意義な借金〉

○住宅ローン
○資産形成に必要な借金

――ブレーンを見つける

資産運用は自己責任。ご存じの通り、これは投資の世界の原則です。株式、国債、外貨預金、FX（外国為替証拠金取引）、金地金など投資商品にはさまざまな種類がありますが、どの商品も収益（リターン）が期待できる半面、損（リスク）が出る可能性もあります。

投資商品の中でワンルームマンションは投資リスクが低い商品と言えますが、それでもどんなに慎重に投資をしても空室になったり、思いがけない相場家賃の値下がりが起こったりということが全くないとは言えません。２００８年のリーマン・ショックや現在の新型コロナウイルスの感染拡大など、予測できない出来事によって経済や不動産相場が左右されることもあるからです。

予定通りの収益が上がらないこともあるわけですが、そのとき、私どもがお客様の損失や値下がり分を保証するというお約束をすることはありません。これは他の投資商品を扱う証券会社も金融機関もＦＸを扱う各社も皆同様です。投資において、最後に判断するのはお客様で、そのリターンとリスクもすべてお客様自身のものということです。ご自身でその商品・プランにはどのような利点とリスクがあるかということをきちんと把握したうえで、投資をすることが不可欠なのです。

だからこそ、お客様には勉強していただきたいといつもお伝えしているのですが、もちろん、お客様が一人で考えたり悩んだりする必要はありません。なぜなら、私たちのような資産運用のプロはたくさんいるからです。

当社に限らず健全な会社であれば、ジャンルは違っても、同じような姿勢でお客様に向き合っているはずです。それぞれ、各分野のスペシャリストと連携していますから、常に新しい情報を持っています。できる限りの情報を提供し、必要に応じてすべてのお客様に最適なプランをご提案しています。

いわゆる営業活動のみならず、勉強会や相談会を行っている会社もたくさんあります。そうしたメニューを上手に利用することで、プロ視点の見方・考え方に触れ、お客様の資産形成に関する知識や感度を上げていくこともできるはずです。

こういうお話をすると、「勉強会に参加したり、営業担当者と会ったりすると、結局、マンションを買わされるのではないか？」と思われる方も少なくないでしょうが、たしかにそういう業者もいるかもしれません。ただ、私どもは商品を買っていただかなくてもかまいません。お客様のお話を伺ったうえで、「今は資産運用をしないほうがよいと思います」というアドバイスをすることもあるほどです。

当社の内情的な話になりますが、会社にとって一番の強みになるのはいわゆる紹介営業です。多額の広告費を使って営業活動をするよりも、株式会社クレドでマンションを購入し、ご満足いただいているお客様から別のお客様をご紹介いただくほうがずっと手堅く、話も早いのです。初めから投資に関心のある方が多く、最初のお客様のおかげで信頼関係もつくりやすいからです。

ですから、私たちにとって一番大切なことは、目先の営業にガツガツすることではなく、お客様との確かな信頼をつくることです。それがなにかと言えば、やはり役に立つ情報をお届けしながら、お客様のお話に耳を傾け、誠意を持って人間関係を築いていくことに尽きます。

そして、もちろん実際に投資用マンションのご紹介が必要になったときには、立地がよく、品質がよい物件を、できるだけ安い価格で提供することに全力を注ぎます。

さらに大きな話をすれば、私はこの業界のイメージを変えたいと思っています。マンション投資では、しつこい電話営業を受けたり、高圧的でガツガツとした営業を経験されるなど、嫌な思いをしたというお客様が少なくありません。そのため、不動産業界全体によいイメージがなく、マンション投資は確実性の高い投資の選択肢だとわかっていても、あえて避けている方もいらっしゃいます。

私の願いは、この業界からお客様をだますような会社がなくなることです。そして、これまで以上に不動産投資を身近に感じ、安心して資産形成をしていただける環境を提供するにはどうすればいいか、常に模索しているのです。

資産形成のブレーンを見つけるのは、そんなに難しいことではないと思います。各社とも、お客様からご質問・ご相談をいただいたら、できる限りの情報を提供したり、回答をお届けしたいと思っています。

それぞれの道のプロとコミュニケーションをとりながら、いざ投資をするときは、ご自身で納得し、自信を持って自己判断し、次のステップへと進んでいただきたいと心から願っています。

サラリーマンなら手間のかからない資産運用がいい

――プロを目指さず、プロに任せる

サラリーマン投資家の中には、株のプロを目指そうとする人もいらっしゃいますが、私はそれには反対です。

株式投資の腕を磨くのが悪いという意味ではありません。そうではなく、株式投資というのは同じ土俵に機関投資家がいるからです。24時間、株のことしか考えていないようなプロフェッショナルと同じ土俵で戦うのは避けたほうがよいと思うのです。しかも、最近ではその相手もＡＩへと進化していますし、そもそも、動かしている金額も違います。

また、大化けする株を狙おうとか、持っている資産のすべてを注ぎ込もうとか、そういう発想は危険です。やはりサラリーマンの株式投資は、損をしたとしてもダメージが最小限ですむ範囲に留めるべきです。

アメリカの著名な投資家にウォーレン・バフェットがいますが、彼が30年以上にわたってコカ・コーラ株を保有し続けているという話は有名です。それがなぜかというと、彼はコカ・コーラが大好きで、その会社を応援したいからというのが主な理由だそうです。

それと同じように、投資の第一歩は、その会社の商品が好きだったり、ビジョンに共感できたりと、そんなところを投資先選びの基準にするのも悪くないと思います。また、一定数以上の株券を保有していると、その会社の商品やサービスの割引券がもらえる株主優待という制度があります。食品からリゾートの割引券まで各社さまざまなメニューを用意していますので、その中からご自身の好みに合うものを提供している会社に投資してみてもよいでしょう。そのような目線で投資すると、より身近なものとして株価の変動なども見られるようになると思います。

ただ、それ以外の投資は、自分では手間をかけず、プロに任せるというスタンスが私はベストだと思っています。

その選択肢の筆頭が投資信託です。これは、「投資家から集めたお金を一つの大きな資金としてまとめ、運用の専門家が株式や債券などに投資・運用する商品で、その運用成果が投資家それぞれの投資額に応じて分配される仕組みの金融商品」です。運用成績は市場環境などによって変動しますが、

１００円からでも投資ができる手軽さと、さまざまな資産に分散投資することでリスクが最小限にとどまること、高度な知識をもつ専門家が投資を行うことで、通常の株式投資などより手堅い運用が期待できます。

この投資信託やこのあとにご紹介する「つみたてＮＩＳＡ」「ｉＤｅＣｏ」に使われているのが〝ドル・コスト平均法〟という投資の方法です。これは、一定の金額を定期的に買い続けるというもの。金融商品の値段は日々変動していますが、投資額は常に一定とし、単価が上がっているときの買い付け口数は少なく、単価が下がっているときは多くなります。これによって、結果的に買い付け単価が平均化され、リスクも分散されるのです。

ドル・コスト平均法　投資効果の比較（一例）

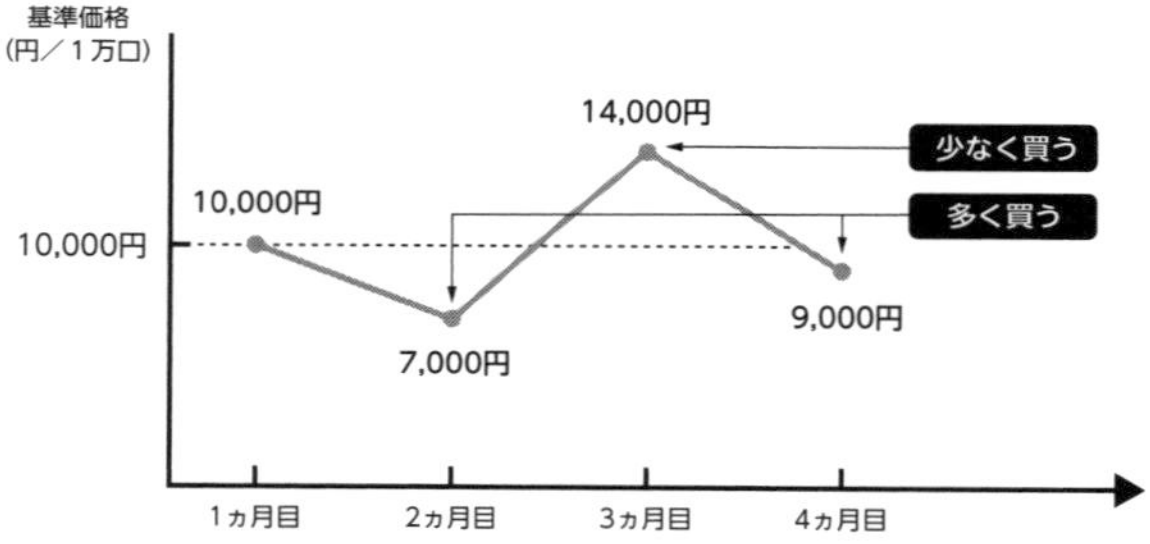

	1ヵ月目	2ヵ月目	3ヵ月目	4ヵ月目	合計	
ドル・コスト平均法 毎月2万円	20,000口 20,000円	28,571口 20,000円	14,285口 20,000円	22,222口 20,000円	85,078口 80,000円	平均購入単価 9,403円
一定口数購入 毎月2万口	20,000口 20,000円	20,000口 14,000円	20,000口 28,000円	20,000口 18,000円	80,000口 80,000円	平均購入単価 10,000円

※数字はあくまで仮定であり、将来の成果を約束するものではありません。
また購入に関する手数料等は含まれておりません。

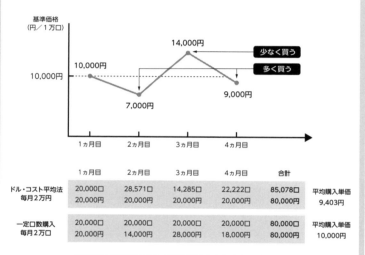

右のデータを見るとそのメリットはよくわかると思います。毎月、一定金額で投資するドル・コスト平均法と、一定口数で投資する方法の投資効果を比較したものです。

2カ月目、4カ月目は投資商品の単価が安くなっていたので、ドル・コスト平均法ではいつもと同じ金額で多数の商品を購入することができました。一方、一定口数で買う方法では、せっかく安く買うチャンスでもいつもと同じ口数しか購入することができません。

反対に3カ月目は単価が高くなっていたので、ドル・コスト平均法で購入する商品の口数は少なくなります。一方、一定口数で買う方法だと、商品が値上がっているときにも買い控えをせず、わざわざ高い金額でいつもと同じ口数を買っていることがわかります。

結果的に同じ金額を投資しても、一定期間経過後はドル・コスト平均法のほうがより多くの商品を安い単価で購入できていることがおわかりになるでしょう。もちろん、グラフの計算の基礎となる商品単価や価格変動は仮定のものに過ぎませんが、専門家が厳密に商品を選んで行う投資なので、多くの場合、ドル・コスト平均法には一定口数で購入する場合より高い投資効果が期待できるのです。

そして、前述のように、投資は銀行や証券会社が行いますので、投資家は毎月、一定額を投資するだけで、あとは〝ほったらかし〟にしておいても的確に運用されることがドル・コスト平均法の大きなメリットです。

株式投資というと、価格変動に一喜一憂しがちで、市場に変化が起きると不安になって、ついつい売りに走ってしまったりするものです。その点、ドル・コスト平均法であれば、上手に分散が図られているので、いちいち動揺することはありませんし、あのとき売らなければよかったと後悔する場面もありません。いいときも悪いときも淡々と資産形成していけるのがこの買い方の特徴です。

誤解のないように申し上げますが、正社員のみなさまにとって、資産運用は片手間ぐらいがちょうどいいと私は思っています。

やはり、本業あってこその資産運用です。日常は本業に全力投球しながら、手間をかけずに資産形成することが理想です。そのためには、一定の手数料がかかるとしても、プロに任せられるところは任せて、リスクはできるだけ小さく、旨味はしっかりと取っていくというスタンスがベストだと思います。

資産形成の第一歩は、「つみたてNISA」と「iDeCo」がいい

さて、初めての資産運用はいきなり不動産投資から始める必要はありません。私がお勧めしたいのが、先ほども名前を出した「つみたてＮＩＳＡ」と「ｉＤｅＣｏ」という2つの商品です。

つみたてＮＩＳＡは、株式や投資信託の積立投資を非課税の枠の中で、年間最大40万円、最長20年間にわたって行える制度です。通常なら運用益にかかる20・３１５％の税金が非課税になるので、おトクに資産づくりをしていくことができます。

投資額の目安は最大で月々３万３、３３３円。一度決めたら、毎月、ほ

うっておいても自動的に買い付けが行われるので、手間をかけずに資産形成したいサラリーマンにはぴったりの方法です。

一方のiDeCoは個人型確定拠出年金です。毎月、一定額の掛け金を拠出という形で投資して、そのお金を運用して資産をつくる仕組みです。会社員の掛け金の平均額は条件によって月額1万円から1万6、000円程度で、投資先は定期預金、保険、投資信託などの運用商品で、運用益は非課税です。そして、60歳以降に運用益を含む金額を年金または一時金の形で受け取ります。

公的年金制度の存続が怪しくなり、最近は国の姿勢も「自分の資産は自分で守りましょう」という方向にシフトしてきています。そんな背景の下に生まれたのが、この2つです。非課税で資産形成できる制度をつくったから、みなさま公的年金にばかり頼らず、自分でなんとかしてくださいね、といったところでしょうか。それならば、それを使わない手はないと思いませんか。

つみたてNISAとiDeCoの最大の違いは、つみたてＮＩＳＡはいつでも自由に解約できるのに対し、ｉＤｅＣｏは60歳まで解約できないということです。また、つみたてＮＩＳＡの投資の年間上限額は40万円であるのに対し、ｉＤｅＣｏは投資家の職業により14・４万円から81・６万円と幅があります。

さらに大きな違いとしては、つみたてＮＩＳＡの掛け金は所得控除の対象にはなりませんが、ｉＤｅＣｏの掛け金は全額が所得控除の対象となり、確定申告や年末調整によって税金の還付が受けられるということです。

それぞれにメリットのある2商品、どちらを選べばよいか迷いますが、一つの目安は、自由に解約したいのであればつみたてＮＩＳＡ、60歳以降の暮らしの安心感を高めたいならｉＤｅＣｏというところでしょうか。

――不動産投資は投資信託に似ている

ここで、さまざまな投資商品の中で、当社が扱うワンルームマンションによる不動産投資はどのような特徴があるのかをお話ししたいと思います。

マンション投資は一般にミドルリスク・ミドルリターンの投資商品に位置づけられます。立地、賃料などの条件がよければ、長期にわたる安定した運用益が得られ、首都圏の築浅のワンルームマンションの場合は、一般に3～5％の運用益が期待できます。

また、ワンルームマンションは、ファミリータイプの物件やアパートを1棟保有する場合に比べ、少ない元手で投資を始められることがメリットです。減価償却費や管理費、修繕費、各種保険料など、支払う費用が多いのはデメリットとも言えますが、経費として節税効果を得ることにも繋がります。

不動産のいいところは、選ぶまでには時間と選別の能力が必要かもしれませんが、いったん購入し、管理会社に家賃管理や入居者管理を任せれば、オーナーは基本的になにもすることがないというところにあります。

もっと言うと、スタートさえ間違えなければ、やるべきことは家賃の入金の確認とローン支払いぐらいで、口座管理さえしていれば、それ以上にできることはないのが不動産投資の特徴です。長期間かけて第三者の家賃収入からローンを返済して純資産を複利運用していく過程は投資信託の運用に似たような点が多く、忙しく働いている方や、毎日、毎月の資産見直しが苦手な方にとっては、ペーパーアセットのつみたてＮＩＳＡを活用した投資信託と、リアルアセットの不動産投資という資産運用が向いていますし、その手間のかからなさが人気の理由になっているのかもしれません。

いったん持ったら、株のように頻繁に売買するものではないのも不動産投資の特徴です。その意味では投資信託と同じで、忙しいサラリーマンに向いた資産形成の選択肢の一つだと言えます。

自分の資産状況を知っておこう

ところで、資産運用を考えるとき、目標金額はどのような考え方で設定すればよいのでしょうか。

最初に把握しておきたいのは、現在の自分の資産状況です。まずは、上段の表に資産と負債の数字を入れて、それぞれの合計と純資産の金額を確認してみましょう。

資産状況

資産	
普通預金	
積立預金	
保険	
株式	
投資信託	
投資用不動産	
その他	
資産合計	

負債	
居住用不動産	
自動車ローン	
カードローン	
その他	
負債合計	

[資産合計　　　　万円]－[負債合計　　　　万円]＝[純資産　　　　万円]

記入例

資産	
普通預金	300万円
積立預金	150万円
保険	50万円
株式	0
投資信託	0
投資用不動産	0
その他	50万円
資産合計	**550万円**

負債	
居住用不動産	3,500万円
自動車ローン	100万円
カードローン	0
その他	0
負債合計	**3,600万円**

[資産合計550万円]－[負債合計3,600万円]＝[純資産 ▲3,050万円]

一例として、30代前半から半ばのサラリーマンを想定した数字を入れてみました。保有している不動産は投資用ではなく、自分と家族が暮らすための住宅です。

ひと目見てわかるのが、住まいの他に預貯金などの資産が５５０万円分あるものの、住宅ローンのために純資産がマイナスになっているということです。この世代の人々に非常に多いパターンなのですが、これは「生活はできているが、蓄えができていない」ことを表します。必要なのは、「今の収入で、今の生活と定年後の生活の両方を守っていく」ということなのですが、このままでは定年後の生活への備えができません。

ここで大切なのが、今ある資金をどのように運用していくかの再考です。この例の場合、住宅以外の資産の殆どが普通預金と積立預金です。しかし、先ほどもお話しした通り、預貯金は長くおいても金利は殆どつきません。このようなお客様には、普通預金の一部や積立預金を、つみたてＮＩＳＡや投資信託で運用することをお勧めします。また、新たな積立預金を考えている場合も、その資金は投資信託に回したほうがよさそうです。月5万円を金利４％で25年にわたってコツコツと運用し続ければ、元本の1、500万円が2、500万円近くまで増えているはずです。

なお、自身が住まうための不動産は利益を生むことがないので、このような計算をするときは資産とはみなしません。また、自動車ローンを払っているのに資産一覧の中に車がないのは、多くの人の場合、自家用車は長年にわたって使用し、手放す頃には殆ど資産価値がなくなっていることがその理由です。もちろん、94ページでお話ししたような、中古でも高値で売れる高級車の場合は話が違います。そのときは「その他」の欄に記入するとよいでしょう。

――リタイア後にも現在と同じ生活レベルを維持するには？

さて、資産運用の目標額はどのように決めればよいのかのお話に戻りますが、一つの指標になるのが、「定年後にも現在と同じ生活レベルを維持するには、どのぐらいの運用益が必要か」という考え方です。

例えば、年収７００万円の人がいて、現在、自由に使える現金は、税・社会保険・住宅ローン（または家賃）を引き、月約40万円だと仮定しましょう。

リタイア後も同じ40万円のキャッシュフローを実現する場合、年金収入として約20万円が見込めるなら、残り約20万円を預貯金と資産運用で賄うことになります。預貯金から月々６万円切り崩していくとしたら、必要な運用益は約14万円。ワンルームマンション１戸の家賃収入が約７万円なら、２戸保有すると、現在と同じ生活レベルを維持していくことができます。

同じく年収１、０００万円だとしたら、キャッシュフローは約50万円。年金収入が約25万円だとしたら、約25万円を預貯金と資産運用で賄うこととなります。この場合は、ワンルームマンション４戸ほどが目安となるでしょうか。

なお、ワンルームマンションへの投資は、最初は1~2戸からでもかまいません。大切なことは買えるだけ買うのではなく、プランを立てて買うことです。例えば、最初に購入した物件の繰上返済や売却を行い、その資金を元に借入の少ない純資産のマンションを持ち、その家賃収入を確保したうえで物件を増やせば、時間はかかったとしても守りの資産形成としては十分に効果を発揮します。もちろん、最初から複数戸をいっぺんに購入してもプランさえしっかりしていれば生活できないなどということはないはずです。

忘れてならないことは、金融機関からの融資を受けられるのは、正社員として働き、社会的信用力がある期間だけだということです。自分にとっての選択肢のあるうちにプランを立て、軌道に乗ったら買い足しなどを検討するとよいでしょう。しっかりとした収入のあるうちにローン返済を進め、定年までに完済するプランを立てることが大切です。

——半年分の生活費の貯金ができたら、資産形成を始めよう

当社のお客様のプロフィールでもっとも多いのが、30代半ばから40代前半

で、上場企業や公務員として勤めていて、年収７００万円前後という方々です。

日ごろの仕事の責任も大きく、漠然と将来のイメージとして不安はおもちですが、この章の冒頭に書いた通り、住宅ローンや教育費が大きいために、余裕がないとおっしゃる方が少なくありません。

そんな中でも資産形成の大切さに気づき、動き出したいと考えている方々に私はよくこんなアドバイスをします。「まずは今の月の固定費をしっかりと洗い出しましょう」そして、見直しをし、無駄を省くことが最優先で、そこから「６カ月分の生活費が貯金できたら、残りのお金で投資を始めましょう」というものです。

月々の生活費が約30万円なら、まずは１８０万円、多少のゆとりを持って２００万円の貯金をしてください。これは、万一、仕事がなくなったり、不測の事態で収入が一時的になくなったりしたときのために、最低限用意しておくべき金額です。そこまで貯まったら、余剰金で投資信託や株式、国債を買ってみるのです。そして、その運用益が一定まで増えたら、相乗効果を図る目的として不動産投資も資産形成の選択肢に加えてください。

中には、半年分の現金・預金では不安だという人もいらっしゃるかもしれません。そのまま貯金を続けると、銀行には４００万円、５００万円と溜まっていく喜びを得ることはできるでしょう。しかし、日常でそんなに現金が必要になることは滅多にありませんから、この５００万円は眠っている貯金ということになります。

まとまった現金が必要なことは、私たちの暮らしの中では意外とないものです。30代、40代の生活で言えば、子どもの進学や住宅購入のときぐらいでしょうか。急な病気やケガで入院することもありますが、入院費を一時的に支払ったとしても、生命保険や健康保険の高額医療制度でいずれ戻ってきます。

つまり、眠ったままではなにも起こらない余剰資金に起きて働いてもらうという発想です。万一、投資が上手くいかず、その資金が目減りしてしまったとしても、もとが余剰資金ですから、生活へのダメージは殆どないはずです。それよりも預貯金は眠ったままにしておくと、使う頃にはインフレによって数%の能力しか発揮できないということにもなりかねません。およそ50年前に府中市で発生したいわゆる3億円事件ですが、3億円は現在の現金価値にすると20億～30億になるとも言われています。言いたいことは、500万円という数字を維持するのではなく、500万円分の〝価値〟を維持していくことが重要ということで、そのためには資産運用が不可欠となるわけです。

「今はまだ、ゆとりもないし……」となかなか資産形成が始められていないみなさん、できる範囲の小さい金額でもいいのです。最初の一歩を踏み出すと、一気に上手く流れ出すことはよくあります。まずは小さな第一歩を踏み出してみましょう。

対談

未来への準備を始めると、〝今〟の居心地が確実に変わってくる

株式会社クレド
代表取締役
小松 圭太

資産運用俳優
ファイナンシャル・プランナー
川久保 拓司

テレビや映画や舞台で幅広く活躍する俳優の川久保拓司さん。実はファイナンシャル・プランナーの資格をもつ資産運用のプロでもあり、近年はクレド主催のセミナーにもしばしば出演していただいています。小松圭太も一目置くこの川久保さんに、俳優業のことから、一人の社会人としての人生観、ご自身の資産形成の履歴、コンサルタントとしての思想などさまざまにお話しいただきました。
（２０２１年９月）

川久保 拓司（かわくぼ たくじ）
東京都出身。1981年12月17日生まれ。『ウルトラマンネクサス』（CBC／TBS系列）で主演を務め、注目を集める。以降、テレビ・映画・舞台を中心に幅広く活動中。また、宅地建物取引士、ファイナンシャル・プランニング技能士2級などの資格を保有。『株式会社TJプランニング』代表取締役。
川久保FP事務所（株式会社TJプランニング） https://kawakubo-fp.com/

対談

未来への準備を始めると、“今”の居心地が確実に変わってくる

30代になった頃、人生に対する考え方に変化が

小松　本日はお忙しい中、お時間をつくっていただき、ありがとうございます。

川久保　こちらこそ、お声がけいただき、ありがとうございます。小松さんとはお付き合いが長くなりましたので、かしこまって話すのは少しくすぐったいのですが……。

小松　そうですね（笑）。今日は出版を記念しての対談ということでお越しいただきましたが、そもそも資産運用にまつわる本の対談に、なぜ、俳優さんをお呼びしたかというと……。

川久保　はい（笑）。

小松　川久保さんは俳優として活躍していると同時に、宅建とファイナンシャル・プランナー（ＦＰ）の資格を取って、資産運用のコンサルタントとしても活動されているんですね。しかも、ＦＰはつい先日、１級に合格されたという。

川久保　はい。ファイナンシャル・プランニング技能士という国家資格で、こ

れまで持っていたのは2級なのですが、FP試験1級の学科に合格しました。

小松　おめでとうございます。1級は学科だけでも特に難関だといわれていますから、本当に素晴らしいことです。コンサルティング業務のほうは、株式会社TJプランニングという会社を立ち上げて、本格的にやっていらっしゃるんですよね。

川久保　はい。

小松　川久保さんと最初にお会いしたのはご結婚の少し前だったでしょうか。

川久保　そのはずです。7～8年前になりますか。子どもが春には6歳になりますので。

小松　川久保さんを私に紹介してくださったのが、現在の奥さまで。

川久保　そうなんですよ。入籍を決めた頃、引っ越し先の物件を探していて相談したのがきっかけです。妻はクレドさんでアルバイトをしていたことがあったんですね。

小松　たしかにその通りで、しばらくお手伝いしてもらっていました。

川久保　で、小松さんにお目にかかったわけですが、僕としては〝妻から紹介された男性〟ということで、少なからず抵抗があって（笑）。でも、小松さんは最初から懐深く接してくださいました。

小松　そうだったかな（笑）。川久保さんが人生設計のことなど考えるようになったのは、やはり結婚がきっかけで？

川久保　30代に入ったことと、結婚でしたね。特に家庭をもつ、子どもが生まれるということでは、大きな責任を負ったような感覚がありました。

小松　結婚を機に将来のことを考えるようになる人は多いですね。

川久保　そうですね。しかも、僕の場合、俳優という仕事を選んで、その世界にどっぷりとつかってきたでしょう。芝居をしたり、芸能に携わったりするには、安定というものとは距離をおいて立ち向かっていかなければならない瞬間があって……。

小松　自分を追い込んでいくって感じでしょうか。

川久保　ええ。ですけど、30歳、40歳という節目の時期に、芸能の世界から離れていく仲間は少なくないんです。その根本的な理由は、経済的な事情によるところが大きいです。

小松　たしかに、俳優業には浮き沈みがあるという印象はあります。

川久保　ええ、定年こそありませんが、まさに〝ザ・不安定〟を地で行っているような業界で……。俳優業には一発逆転を狙う部分もありますが、いつも上手くいくとは限りません。それより、僕はこの仕事が好きなので、長く続けていきたいんです。そのためには、浮き沈みに負けないような経済的な柱をもう一つ持たなければいけないと考えました。

小松　それは俳優に限らず、フリーランスで仕事をしている人や、飲食などのお店を経営している人にも共通して言えることですね。二足のわらじ、三足のわらじ、はいていただほうがいい。

川久保　そう思いますね。僕も「俳優なのに、資産運用？」なんて言われることもあるんですけど、将来のことを考えれば考えるほど、自分の人生や経済的なことは自分でしっかりと管理したいという思いが強まりました。

小松　そう言えば、新型コロナの渦中では、川久保さんの世界でも結構な影響があったんじゃないですか？

川久保　おっしゃる通りで、舞台が中止になったり、かなりダメージは大きかったですね。ただ、自分にとっては資産運用の有効性を実感する機会にもなりました。

資産運用の一歩を踏み出したら人生が変わった

小松　川久保さんの資産運用、最初はどんなことから？

川久保　友人に勧められた生命保険でした。ドル建ての保険です。月々、少額ずつ積み立てるというものでしたが、この保険を始めたことが自分の資産運用の入口になり、また、自分の将来の資産状況を把握しようとするきっかけにもなりました。

小松　将来について、どんなことがわかりました？

川久保　「自分の老後って、こんなにピンチなのか！」っていうことです（笑）。

小松　早く気がついて良かったですね（笑）。

川久保　「そっか、フリーランスの場合は国民年金しか入ってこないのか」って。それじゃあ、どうすれば、現在の自分のお金を活かしていけるんだろ

うかと考えるようになったんです。そうしているうちに「つみたてNISA」や「iDeCo」のことなども知って、「これまで知らなかったが、国からこんなメッセージが飛んでいたのか」と。

小松　「税制優遇するから、個人でしっかりと資産形成してくださいね」というメッセージですね。「つみたてNISA」と「iDeCo」、それと投資信託あたりは、私もよくお客様にお勧めしています。

川久保　僕もそういったものを一つひとつ、自分のポートフォリオの中に組み込んでいきました。その経緯では、保険商品には純保険料の他に、保険会社の人件費や経費のための付加保険料というのも払っているんだなぁということに気がついたり……。

小松　そうなんですよね。保険ならではの優位性や安心感もあるけれど、それだけではないから、いろいろな商品をバランスよく組み合わせて投資していくことが大事になってくる。そして、長く続けていくこと。自分なりのライフプランニングを立てて、それにふさわしい商品を組み合わせて、それを継続することがとても大事ですよね。

川久保　継続は力ですね。僕もそうして少しずつ選択肢を増やしていくうちに、不動産投資もしてみたいなと思うようになったんです。ただ、不動産投資はそれまでのものに比べるとハードルが高くて……。

小松　よほど手持ちの資金があるなら別ですが、多くの場合、借入を起こして始める必要がありますからね。借入をすることには、やはり怖さもあるでしょう。

川久保　それもそうなんですが、第一に僕のような職業がフリーランスの人間が金融機関から融資を引き出すことは無理だろうという思い込みもありました。ところが、小松さんがこういう選択肢があります、こうすることで未来が見えてきますと提示してくださって、そのおかげで無事にローンが組めて……。それこそ、物件の契約をしたときは感動的でした。思わず心の中でガッツポーズをとっていましたよ。

小松　一歩一歩、資産運用を進めていく中で、安心感や自信も高まりました？

川久保　これはですね、最初の一歩を踏み出したときから自分でも驚くような変化がありました。安心感や老後に対する希望が湧き上がってきて、人生により充実感を感じるようになったんです。それから、健康に対しても凄くポジティブになりましたね。

小松　今日は渋谷駅から恵比寿の当社まで歩いてきたんですって？

川久保　ええ、トマトジュースを飲みながら（笑）。

〝FIRE〟の素晴らしさは、人生に選択肢が生まれること

対談

未来への準備を始めると、“今”の居心地が確実に変わってくる

小松　話は変わりますが、私の新しい本を読んでいただいたとのことで、ありがとうございます。

川久保　はい、生の原稿で。不動産投資や資産運用についての本は随分読んできましたが、とてもいいですね。ワクワクしながら最後まで読みました。小松さんのバックボーンを知り、いろいろな経験を通して、考え方が固まっていったことがよくわかりました。人生のストーリーなどは、つい、自分の身に置き換えて読んでいましたよ。

小松　本の中の大きなテーマの一つが〝ＦＩＲＥ〟、経済的自立と早期退職（Financial Independence, Retire Early）なんですが、川久保さんはこのＦＩＲＥについてはいかがですか？

川久保　はい、ＦＩＲＥ、素晴らしい考え方ですよね。なにが素晴らしいって、人生の選択肢が増えることだと思うんです。

小松　そうですね。経済的に自立していることで、早めのリタイアを選ぶこともできるし、それまでとは違う新たな仕事に挑戦することもできますからね。

川久保　仕事に限らず、新たな夢を追うこともできますね。50代、60代で、俳優を目指したっていい。スポーツ選手を目指したっていいと思うんです。

小松　選択肢があるというのは本当に大きいことで、仕事を続けるにしても、仕事がしたいから続けるのと、食べていくために働かざるを得ないから働き続けるのとでは大違いだと思うんです。

川久保　僕のところに相談に来る方にもやはり「老後が心配、年金はどうなっているんだろう」といった不安をお持ちの人は多いです。最近で言えば、老後2、000万円問題などもありましたしね。

小松　金融庁から「老後の30年で約2、000万円が不足する」と報告された件ですよね。２、０００万円の蓄えがないと、ゆとりある老後が送れない、と。実際は家族構成やライフスタイル等で必要な蓄えの金額も変わってきますから、２、０００万円という数字の是非は定かではありませんが、ともあれ、この発表が多くの人が老後について考えるきっかけにはなったと思います。

川久保　老後資金という観点では、資産運用の方法の中で不動産投資はいいなと思いますね。老後、現金として蓄えた資産を取り崩しながら生活していくという方法もありますが、長寿化が進む現代は、その資産が枯渇するときが来るのではないかという不安もあるわけです。そうすると、長寿がデメリットにも感じられてしまうかもしれない。しかし、不動産投資なら継続的に家賃収入を得ていくことができるんですよね。

〝幸福度〟で考えることって、素晴らしい

小松　川久保さんが宅建やＦＰの資格にチャレンジしたのは、ご自分の資産

運用への関心が高まったことがきっかけですか？

川久保　はい。僕、これで結構勉強が好きで。大学は経済学部だったんですが、そこでの学びがとても面白かったんです。その後も家族の相続とか、不動産ローンを組んだときとか、資産について学ぶ機会はちょこちょこあって。

小松　自分のことで始まって、だんだんコンサルというところまで広がっていったんですね。大変な思いをしてＦＰの資格まで取って、人の役に立ちたいと思ったのはなぜですか？

川久保　これはたぶん、役者という職業とも重なる部分だと思います。僕らが芝居をすることで、見てくださった人たちが、楽しくなったり、心地よくなったりしてくださっている。ときには、その人の人生になんらかの影響を与えるようなこともあるんですね。そんなことから、仕事を通じて人を幸せにしたいという思いをいつのまにか抱くようになりました。

小松　ああ、そんな気持ちで芝居をしておられるんですね。そして、その思いはコンサルティングでも同じということですね。

川久保　はい、これは今や僕の人生の指針にもなっています。勉強している中で、ああ、僕の一つしかない人生で、ファイナンシャルプランナーとしても、人を幸せにすることができるんだって感じたんです。

小松　資産運用の目的も、お金を貯めることではなくて、その人の人生を楽しく豊かにすることですよね。

川久保　ええ、実は僕がこんな考え方をするようになったのは、小松さんの影響が大きいんですよ。最初にお会いしたとき、小松さんが人生の〝幸福度〟を重視していらっしゃることを感じ、惹きつけられたんです。友人をご紹介したこともありましたけど、一貫して「人生の幸福度を高めていきましょうよ」というスタンスでお話ししてくださいますよね。そこは凄く響くところなんです。

小松　出会った誰もが幸せであってほしいとは、いつも思っていることなんですよ。資産運用に関しては、とにかく失敗してほしくない。

川久保　僕もFPとして、資産のことはもちろんですが、相談に来ていただいた人たちが才能を伸ばしたり、さまざまな形で人生を楽しんだりするお手伝いができたらいいなと思っています。「幸せになろうよ！」って、みなさまに言いたいです。

資産運用で得られるメリット、若い人ほど大きい

小松　本の話に戻れば、今回はとにかく若い人たちに読んでもらいたいと思っているんです。

川久保　ああ、資産運用はできるだけ若いうちに始めたほうがいいですからね。

小松　ええ、若いということは、資産運用に使える時間がたくさんあるということですよね。そのメリットを十分に活かしてもらいたいと思うんです。

川久保　長期間で投資効果をふくらませていけますからね。僕も若い人に伝えたいことがあります。それは、未来の準備をしていると、今現在、自分がお金を使うときの使い心地が変わってくるということです。

小松　具体的にはどういうことですか？

川久保　例えば、20代の頃の僕は、芝居に関する素敵な本に出会った、凄く気に入った靴を見つけた、でも、値段が高いというとき、本当に買ってし

まっていいのかと葛藤しながら買い物をしたものです。お金を使うことへの怖さや罪悪感があったんですね。その点、未来のためになにかしているという実感があると、「これは、今、使っていいお金なのだ」と自信を持って支払いをすることができます。買い物するとき、食事をするときのお金の使い心地が全然変わってくるんです。

小松　なるほど、未来の準備していることで、〝今〟も豊かになるというわけですね。

川久保　ええ。

小松　そうした体験も含め、若い人たちには、資産運用の利点を大いに伝えたいですね。今、スタートすることで、人生が大きく変わってきますから、小さなことからでも、ぜひ、実践していただきたいと思います。

川久保　そうですね、私が小松さんにしつこいほどに相談して一歩を踏み出したように、若いみなさんもプロに上手に相談しながら、スタートしていただければと思います。

小松　ところで、川久保さんとはこれまでに数多くのセミナーを一緒に開催してきました。東京ビッグサイトで行ったときなどは、お客さんが何百人も来てくださいましたね。

川久保　そうでしたね。資産運用のセミナーというと、抵抗があったり、敷居が高く感じたりする人は少なくないと思います。でも、そう思いながら、会場を見ると、なぜかそこに俳優が立っていて、自分の実体験を赤裸々に語っていたりする（笑）。

小松　セミナーなので、具体的なテクニックの話や体験談が多くなりますね。

川久保　そうですね、僕みたいなフリーランスの人間が、どうやって信用金庫や日本政策金融公庫から借入を起こすことができたのかとか、優良な投資物件を見極めるポイントとか、投資に迷ったとき、怖くなったときはどうすればいいのかというメンタル面のお話とか……。僕というフィルターを通して、投資に対するハードルを下げてもらうことができたら嬉しいと思いつつ、参加させていただいています。

小松　ご来場者のみなさまには、親しみを感じていただいているようですよ。

川久保　そう言えば、いつでしたっけ、終了後に20代半ばぐらいの男性が来てくれて、「今、セミナーを聴いていたんですけど、相談していいですか」って。あれは嬉しかったなぁ。

小松　うん、コロナのせいで、セミナーもなかなかできなくなっていますが、収束したら再開したいですね。

川久保　ええ。やはり生だと熱量が伝わりますし、直接、来場のお客様とお話しする機会があるのもいいですよね。

小松　ファイナンシャル・プランナーの1級は、芸能界では他にもいらっしゃるんですか？

川久保　しっかりと調べていませんが、1級はおそらくいないと思います。

小松　それはいい。これからもっと売っていきましょうよ、〝資産運用俳優〟として（笑）。

川久保　依存ないです（笑）。

小松　ともあれ、これからも俳優として、FPとして、川久保さんが幅広く活躍されることを期待しています。今日はどうもありがとうございました。

川久保　ありがとうございました。

第6章

ハッピーに使い切る人生を送りたい

クレドの10周年を前に

この本を制作している2021年、クレドは10年目にさしかかりました。そして、2021年12月には創業10周年を迎えます。この10年の間には、働き方改革、2度の消費増税、リニア中央新幹線の着工、地上デジタル放送の開始、渋谷駅や東京駅周辺の大規模再開発、新型コロナウイルスの流行など世の中では多くの変化がありました。

クレドもいつも最新の状態にバージョンアップしながら企業活動を行うよう心がけていますが、どんなに世の中が変わっても、「すべてはお客様の未来のために。」という私たちの理念は揺らぐことがありません。企業理念が誕生して4年、お客様を思う心は社員一人ひとりの中にも深く浸透してきたという実感がありますし、その思いを持って仕事に向き合う社員たちは私の誇りです。

そして、10年の節目にあって、最近、私がよく思いを馳せるのが、会社やお客様、世の中の将来についてです。

２０２０年の年末だったと思いますが、脱炭素社会の実現のために、「２０３０年半ばにガソリン車の新車販売をゼロにする」というニュースを見ました。ガソリン車の廃止は世界的な流れのようですが、そんなに早くそれが実現するのかと、そのときは驚いたものです。

しかし、株式会社クレドを立ち上げてからの10年の間にもさまざまな変化があったように、今から10年後、私たちはまた、いくつものドラスティックな変化を経験していることでしょう。不動産の世界も例外ではなく、思いがけない環境の変化が起こったり、従来とは違う考え方が生まれたりしているかもしれません。クレドも常にアンテナを伸ばしながら、自ら変化・進化していく必要があると思っています。

例えば、現在、クレドが扱う物件は区分所有のワンルームマンションが殆どですが、お客様にとって有用だと判断したら、ファミリータイプの物件や、マンション一棟という投資商品を扱うこともあるかもしれません。

また、不動産投資はいくつもある資産運用の手法の一つです。ご存じの通り、株式、国債、外貨預金をはじめ資産運用にはさまざまな手法があり、長期的に運用するもの、短期で結果を求めるもの、ハイリスク・ハイリターン商品、ミドルリスク・ミドルリターン商品などそれぞれの特性を持っています。

それらを最適な形に組み合わせ、お客様の目的・ご要望にふさわしいポートフォリオを形成することが大切です。したがって、クレドにとっても、これからはますます不動産だけではない、総合的な視点からの提案力を高めていくことが重要な課題になっています。

今現在も、ファイナンシャル・プランナー会社や個人のコンサルティングをする会社との業務提携をし、生涯の資産シミュレーションの作成や保険の見直し等をサービスの一環としてご提供していますが、今後はますます資産運用のコンシェルジュとしての機能を高め、新部門や関連会社を通じて、専門分野を強化していくことが必要不可欠になります。

そうした方向性を見据え、現在、少しずつ取り組んでいるのが、M＆Aも含めたクレドのホールディングス化です。投資や販売の専門会社をつくることで、お客様に提供できるサービスや情報をより高度化するとともに、経営マインドのある社員を育てる機会にもなっています。

ここで、ある料理店のオーナーシェフの顔が頭に浮かびました。彼は私と同世代、大人向けで居心地がよい店を10年ほど経営していて、店には一流企業の役員や実業家などの常連客がたくさん通っています。そのオーナーシェフの彼がなんと「50歳ぐらいになったらこの店を閉め、軽井沢あたりでオーベルジュを始めようかなぁ」と言いだしているのです。オーベルジュとは、フランス語で宿泊施設の付いたレストラン、もしくは料理が自慢のホテルのことです。

「常連さんたちもだんだん現役を引退する年齢にさしかかっていますよね。そうしたら、飲み方も余暇の楽しみ方も変わっていくと思うんです。だったら、これまでとは違うお酒と料理の楽しみ方をみなさんに提供するのもいいかなと思って。ぼくもお客さんと一緒に年をとりながらね」と彼は言います。「あとね、店は持たず、トレーラーを1台買ってキッチンカーに改造するんです。そして、お客様に呼ばれたらどこにでも行って、食事を提供するなんてのも楽しいでしょうねぇ」、彼は笑いながら続けました。

儲けることよりも、自分が楽しくて、まわりの人にも楽しみを届ける形をつくりたい……、そんな彼の考え方にはおおいに共感できますし、とても素敵な発想だと感じました。

ちなみに私も資産運用とは全く関係なく、お客様の健康づくりや趣味の充実に役立つビジネスを創造することはできないだろうかと考えることがよくあります。何度かお話しした通り、人間、お金だけ持っていても幸せではありません。そこで、心豊かな人生のためのお金の活かし方のアドバイスをしたり、具体的に健康づくりや余暇のプログラムを提供したりすることもできるのではないかと考えるわけです。まだまだ漠然としたイメージしかありませんが、これはこれで本気で考えてみたいと思っています。例えば、読者のみなさまは、どんなプログラムがあったら使ってみたいと思うでしょうか？

つまり、私が目指していたのは〝ＦＩＲＥ〟だった

本書の前半で何度かふれた〝45歳・半リタイア生活〟という私の計画ですが、このイメージが初めて浮かんだのは25歳、大阪のC社時代のことでした。ようやく営業マンとしてコンスタントに結果が出せるようになり、仕事にやりがいや面白さも感じられるようになった頃のことです。

土日も殆ど出勤して仕事をしていましたが、それは全く苦になりませんでした。「今、頑張らなくて、いつ頑張るのだ」という思いがみなぎっていたのですが、それと同時に、「今、死ぬ気で頑張っておけば、自分の理想とする未来がきっと手に入る」という感覚も心のどこかにありました。その未来像として浮かんできたのが、〝45歳・半リタイア生活〟というイメージだったのです。

その頃のイメージは単純で、「早く引退して、悠々自適の生活ができたら楽しいだろうな」というものでしたが、年齢を重ねるごとに、イメージは現実的かつ多くの意味をもつものへと変化していきました。それとともに、この計画を実現したいという思いは強くなり、最近はそのための具体的な準備も少しずつ始めています。

そして、2020年頃には、アメリカで〝FIRE〟というライフスタイルが登場してきたわけですが、この「Financial Independence, Retire Early（経済的自立と早期リタイア）」という考え方と私の〝45歳・半リタイア生活〟は実に似ているということに気がつきました。

〝FIRE〟がそうであるように、〝45歳・半リタイア生活〟について私が抱いているイメージは「ある程度、仕事と関わりながら、自分時間を大事にした人生を送る」というものです。

優先度が一番高いのは余暇の時間です。妻との海外旅行に年2回は行きたいし、国内旅行も思い立ったときにしたい。誘われたらいつでもゴルフに行けることも重要なポイントです。

先日は、「キャンプも楽しそうだね」という話を仲間としました。実は私はキャンプの経験は殆どありません。虫は嫌いだし、暑さ寒さもあまり得意なほうではないからです。しかし、40代で新しいことにチャレンジするのは意外と楽しいのではないかと思うのです。また、キャンピングカーを借りて、遠くまで旅行するのも面白い体験になるかもしれませんね。未知の分野に挑戦することは、人生の新たな励みになってくれそうです。

余暇だけでなく、〝半リタイア生活〟では新しいビジネスの機会もめぐってくるかもしれません。これも仲間と話したのですが、それぞれが得意分野の経験とスキルを持ち寄ったら〝なにか〟ができるのではないかと思うのです。そんなに大それたことを考えているわけではありませんが、それを生み出すことでまた新しい体験になることでしょう。首尾よく利益を得ることができたなら、各自の余暇を充実させたり、年末年始にみんなでハワイに行ったりすることもできるかもしれません。

悠々自適という言葉がありますが、そこからイメージするのは60歳、65歳の定年後の生活であることが多いですよね。それに対し、私が45歳にこだわるのは、仕事だけではない、さまざまな体験をするための時間を大切にしたいと思っているからです。現在の経営者という立場で仕事をしていたら、当然、そんな時間をもつことはできません。しかし、60歳からでは足りないのです。

また、私には世界各地を旅してみたいという夢があるのですが、大きなスーツケースを持って移動したり、リュックを背負い、トレッキングシューズを履いて辺境の地を歩いたり、各国の名物料理をたらふく食べたりするには、体力・筋力が必要です。最近の私はテニスやジムのおかげでそこそこの基礎体力はありますが、世界各地を旅するにはやはり60代になってからよりも50歳前後のほうがいいに決まっていますよね。

一方、仕事とどう関わっていくかということについては、いくつかの選択肢があります。現在と同じ経営者の立場にいながら、現場は社員に任せ、自分は最前線には立たないという方法もあるかもしれません。オーナー社長となり、実質の経営は後進に任せ、殆ど口も出さないという方法もあるでしょう。経営者という立場にはこだわりがなく、社長になりたいという意欲のある若手が出てきたら、喜んで後継者になってもらおうと思っていたりもします。

いずれにしても、大切かつ必要なことは、会社をこれから何十年も存続していかねばならないということです。そのためには、若手の中から経営に関わる人材を育てることが最重要課題の一つだと思っています。現在は何人かをその候補として見据えながら、定期的なミーティングを行ったり、新規事業の企画会議や対外的な打ち合わせ・交渉の席などに同行させたりしているところです。新しい事業のはじまりを経験したり、ビジネスのシビアな現場を見たり、さまざまなタイプの経営者と会ったりすることは、必ずやプラスの経験になると思っています。

半リタイア生活を実現するには、目標の時期から時間を逆算して準備することが大切です。これは早期リタイアに限らず、60代定年の場合も同じだと思いますが、現役を退いて時間ができても、お金がない、趣味がない、仲間がいないでは幸せな暮らしは送れません。

もちろん、私も自分なりに準備しています。資産運用には、その必要性に気づくのも取りかかったのも少し遅かったですが、30代に入ってから取りかかりました。不動産投資や株式投資を軸に「つみたてＮＩＳＡ」や

「iDeCo」等の国の制度をフル活用する、つまり、大きな手間をかけずに「時間」と「複利」という最大の武器を活かしていく形を大切に、世界的な情勢や自分の環境によってアセット・アロケーションの見直しをしています。そして、一方では、好きなことを見つけたり、仲間をつくったり、体をつくったりしているわけです。目標があれば、節約もきついトレーニングも節制した食生活もあまり苦にはならないという実感があります。

私の最近の夢は、自宅にトレーニング・ルームをつくって、定期的にパーソナル・トレーナーに訪問してもらうことです。そのためには、そのスペースが確保できる家に引っ越さねばならないのですが……。また、海外旅行を楽しむためには、英会話を上達させなければとも思っています。

そして、私の〝FIRE〟の行方は……

この〝45歳・半リタイア生活〟の話をすると、「小松さんにとって、有名人で理想の生活をしている人はいますか?」とよく聞かれます。

真っ先に思い浮かぶのは大橋巨泉さんですね。人気があったのに50代半ばで芸能界を引退し、日本・オーストラリア・ニュージーランドを拠点に自由気ままな暮らしを楽しみ、帰国したときだけテレビの仕事を少しだけしていたと聞きます。世界何カ国かで「ＯＫギフトショップ」という土産物屋を経営していて、これが引退後の収入源だったとか。

引退が１９９０年だったとのことで、私が10代のときにはもうあまりテレビに出演しなくなっていたようです。ですので、タレントとしての大橋巨泉さんのことは殆ど知らないのですが、人気商売を潔く引退し、世界中でゴルフを楽しんでいるという話を聞いたときは、「こんな人がいるんだ！」という衝撃を受けたものです。

それから、まだ第一線で活躍しているので半リタイアというのは失礼だと思いますが、所ジョージさんの生き方にも憧れますね。仕事といえども、いつも楽しそうで、好きなことを好きなようにしているのが素晴らしいです。

しかも、テレビの収録は夕方までには必ず終え、家に帰って、お子さんたち、お孫さんたちと三世代で奥さん手作りの夕食を食べることを日課にしているのだとか。芸能人というと真夜中まで仕事しているイメージがありますが、自分のライフスタイルを大切にしていることにも好感を覚えます。

それから、島田紳助さんはバリバリと仕事をしていた頃から不動産投資をはじめとする資産運用や事業を積極的にしていたそうで、今はそれらの事業を手がけつつ、ゴルフやウィンドサーフィン三昧の暮らしなのだとか。事業の現場はそれぞれのスタッフに任せているのでしょうから、これはまさに私の目指す半リタイア生活なのかもしれません。島田紳助さんは残念ながら引退することとなってしまいましたが、時期的なことを考えると、半リタイアの準備がしっかり整い、やめるべくしてやめたのだろうなと私は感じています。

同世代のタレントに明石家さんまさんがいますが、60歳を過ぎてもテレビで活躍し続ける彼のライフスタイルは、紳助さんのそれとは対極と言えるのかもしれません。そして、嘘か真か、さんまさんの資産が30億円との噂がありますが、これはさすがに元気でも使い切れないでしょうね。ともあれ、さんまさんの場合は、テレビカメラの前にいるときが一番イキイキとして、幸せを感じる時間なんだろうなとも感じます。

さて、さんざん語ってきたあとで告白しますが、実は〝45歳・半リタイア生活〟は諦めました。

今、私は43歳。あと1年と少しで45歳になりますが、コロナ禍の影響もあって企業を取り巻く情勢が厳しさを増す中で、社会の変化に動じない強さと、しなやかさをもった会社にしていくにはどうすればいいかということをずっと考えてきました。そこで出てきた方向性が、先ほどお話しした会社のホールディングス化も含む組織の再編と新展開です。それを形にし、軌道に乗せるには、あと1年半では時間が足りないという現実があるのです。

といっても、早めの半リタイア生活は諦めていません。これまでにも準備はしてきましたから、自分の時間をある程度、自由にコントロールできるという状況は既に手に入れています。そう言えば、今年2月の自分の誕生日前日、妻と温泉に行くという約束をしたのですが、どうしても外せない打ち合わせが入っていました。そこで、車にＰＣとポケットＷｉ-Ｆｉを載せて出発し、旅館に到着したあと、妻にはエステに行ってもらいました。私は1時間半ほどリモート会議に参加したのですが、それが終了し、ＰＣの電源を落としたあとはすぐさま露天風呂に向かったのです。やろうと思えばそんな生活も可能なのです。

ということで、新たな私の目標は、〝50歳・半リタイア生活〟となりました。準備に使える時間はあと6年半。それまでには社内体制を整え、自分自身の資産運用を継続して、私なりの〝ＦＩＲＥ〟を必ず叶えるつもりです。

「ゼロで死ね」の潔さと豊かさ

〝45歳・半リタイア生活〟とも繋がるのですが、最近、たまたま人に勧められて読んだ本が面白かったのでご紹介したいと思います。

アメリカのトレーダーであるビル・パーキンスという人物が書いた『DIE WITH ZERO　人生が豊かになりすぎる究極のルール』（ダイヤモンド社）と

いう本です。タイトルを直訳すると「ゼロで死ね」となりますが、その通り、死ぬときにお金を残すな、資産はゼロにして死になさいというのが本書のテーマです。

「ゼロで死ね」とは非常に面白い考え方だと思いますし、読んでみて、おおいに共感できました。というのも、しっかり働いて、節約して、資産をつくってというのはもちろんよいことなのですが、「何歳になっても、ただ働いているだけだとしたらどうなんだ？」「貯めたお金はいつ使うんだ、いつ楽しいことをするんだ？」と著者は読者に問いかけているからです。私もお客様には「資産運用は、できるだけ若いうちからしたほうがいい」とお勧めしていますが、ただ不動産を持っていて、家賃が入ってくるというだけで幸せになれるとは思っていません。限りある時間とお金を人生の中でどう使っていくかが大事というところは、考え方が著者ときわめて似ていると感じたのです。

本の中で著者は、10年ごとの自分の人生のプランニングを立てることを読者に勧めています。それぞれの年代で自分がどうありたいかを考えると、今、なにをすべきか、どうあるべきかが見えてくるというのです。

なるほど、クルーザーを乗り回せるような自分になりたいと思ったとしても、その夢を20代で叶えるのは難しいことです。20代ではひたすらに走って、30代で地盤を固め、それをベースに40代で飛躍する……というように、夢に近づくときは、それなりのステップを踏んでいくことが必要です。20代で走りながらも、40代でクルーザーを手に入れた自分をイメージすることができたなら、年代ごとに自分がなにをすべきかが見えてきて夢も具体性を帯びはじめます。

といっても、20代の頃の自分を振り返ると、40代は遠すぎて想像がつかない部分もありました。43歳になった現在でいうと、50代のことはある程度イメージできますが、60代の自分はよくわかりません。それでも、機会をつくって考えてみることで、夢を忘れずに過ごすことができますし、ひょんなことから実現へのヒントを見いだしたりしないとも限らないでしょう。

なお、本書の著者は早めに引退して、楽しいことをする時間をもつべきだとも書いています。これもまた〝45歳・半リタイア生活〟のイメージと重なる部分です。

会社の若い社員にこの「ゼロで死ね」の話をしたところ、「子どもにお金は残さないんですか？」と質問されました。読者のみなさんにも同じ疑問をもった人は多いことでしょう。

著者は子どもに資産を残さないとは言っていません。ただ、自分が死んだときに遺産として残すのではなく、必要なとき、必要な金額の生前贈与をしたほうがずっと有意義で、子どもが25〜36歳のときに贈与するのがもっとも理想的だと言っています。

私の父が70代になってから祖母の遺産を相続した話を書きましたが、70代で相続しても、有意義なお金の使い道はもうあまりありません。それに対し、著者の言う20代半ばからの年代は、結婚したり、子どもをもったり、家を買ったりといったことが続き、一番お金を必要とする世代とも言えるでしょう。そんなとき、まとまった額の生前贈与を受けることができたら、それをもとに資産運用を始めたり、最小限の住宅ローンで住まいを手に入れたりすることもできるはずです。そこで生まれるゆとりは一生涯のアドバンテージになるかもしれないのです。

お金は使ってこそ活きるという考え方がここにあります。「ゼロで死ね」は散財ではなく、使うべきところにはちゃんと使って、しっかり使い切るという、潔くも豊かな考え方だと感じます。

著者が勧める10年ごとの人生プランニングを私も考えてみました。40代・50代・60代それぞれで手に入れたいもの・したいことをリストとして書き出してみたのですが、項目としては20代のときの夢リストと重なるものが多数ありました。

一方、異なるのは、20代のときの私はサラリーマンで、現在は会社の経営者であるということです。かつての夢リストには自分のことばかりが書いてありましたが、現在の私のリストには、「M&Aをする」「社員50人以上」「一棟マンションの建設・売買」「社員独立制度の確立」「理想のオフィスへの移転」など会社や従業員にまつわる項目もたくさん並びました。

また、20代のときには決して思いつかなかったのが、「かかりつけの医者を見つける」「健康的な食生活・お酒は控えめに」「アンチエイジングにお金を惜しまない」「毎日、健康でいる」といった項目です。また、「週2日以上のパーソナル・ジム通い」「フルマラソン完走」など積極的にスポーツをしたいという項目も出ました。やはり年齢とともに生活習慣病に倒れる人を間近に見たり、昔より自分の腹囲が増えているのを実感したりしたことが色濃く反映されていると思います。

そして、自分なりに各世代に抱くイメージをまとめると、まず、40代は今後数十年を見据えた会社の基盤強化と余暇やスポーツを含めたプライベートの充実と言えそうです。「オーロラ見学」「富士山登頂」「テニスのウィンブルドン観戦」など世界を駆けめぐる夢もあります。

50代は半リタイア生活の中での、余暇の充実と新しい挑戦と言えるでしょうか。好きな旅行やゴルフに関すること以外に、「ラジオ番組をつくる」「ネットで取り上げられるような新ビジネスを成功させる」などの夢も出てきました。また、「グループ会社」「会社の安定資産と体制づくり」など、半リタイアしてもさまざまな形で会社に関わっているというイメージも出てきました。

60代では、「ワールドカップ観戦」「豪華客船旅行」「別荘を持つ」「スポーツカー購入」などまさに悠々自適を体現するような項目が出てきました。その一方、「地元・横浜への貢献」「社会貢献ビジネスの立ち上げ」「環境問題ビジネスの実現」など、地域・社会への貢献という項目も挙げています。今の自分にとって、まだ遠い先の話なので漠然とはしていますが、それらすべての基盤が「毎日、健康でいる」という項目です。

何年か経てば、社会情勢や自分の思いにも変化が起こっているかもしれません。そのときまたこのリストを眺めてみて、自分の人生について考えてみたいと思います。

新型コロナで投資の世界が活況に

この本を制作しているのは2021年の夏ですが、ここ1年以上、投資の世界では活況が続いています。その背景にあるのが、新型コロナウイルスの感染拡大です。株価は、世界的なパンデミックが明らかになった2020年3月頃には一度下落していますが、その後は世界的に上昇し、米国株が史上最高値をつけたり、日経平均株価がバブル崩壊後の最高値を記録したりとドラスティックな展開を見せています。

活況の一因は、コロナ禍による経済悪化や金融市場の混乱に対応し、各国の中央銀行が大規模な金融緩和策や財政出動が進めたことです。市場に大量の資金が流れ込んだため、ある意味、つくられた株価という側面があるのは否めません。しかし、資産運用をしていた方々は順調に資産形成をし、2021年9月17日に日銀が発表した個人金融資産は前年同月末比6・3％増の1、992兆円で過去最高となり、いわゆる資産家も増えている状況です。

今回のコロナ禍を、私たちはどのように捉えればよいのでしょうか。

世界規模の感染症の流行は長い歴史の中で何度もありました。約100年前に流行したスペイン風邪では日本国内でも45万人もの人が亡くなったといいますし、江戸時代には天然痘が30年に1度のペースで流行し、子どもの5人に1人がこの病気で命を落としたといいます。他にも結核、コレラなど多くの感染症に人類は脅かされてきました。

そうしたことを知識として知っていても、自分の身近でそれが起こると思っていた人は少ないのではないでしょうか。私もその一人であり、コロナ禍はまさに想定外の出来事でした。しかし、昨春はあれよあれよという間に感染が広がり、緊急事態宣言が発出され、世の中が止まったようになりました。商業施設は入口を閉ざし、ターミナル駅でさえ人がまばらになりました。日本中があんなにも静まりかえるときが来るなんて、一体誰が想像したことでしょうか?

2021年に入っても都市部を中心に緊急事態宣言やまん延防止等重点措置の発出や延長が繰り返され、1年以上、帰省できていない、友だちと会えていないという人は多いはずです。また、リモートワークが中心となり、会社の上司・同僚と殆ど会っていないという人も珍しくありません。

したがってこの2年は家族の大切さ、仲間の大切さなどを実感することにもなりました。同時に、感染へのリスクが高まったり、勤務先の経営や雇用への不安が高まり、自分や家族の未来を悲観したりする場面も少なくなかったことと思います。

そんなことから、投資市場の活性化の要因としては、「自分の身は自分で守らなければいけない」と多くの人が考えたことも大きかったと私は考えます。コロナ禍を通じて、国に頼る、会社に頼るという時代ではなくなったことを実感したということですね。その結果、投資信託等も含めての株式投資や不動産投資への関心が高まり、実際に運用を始めた人も多かったのです。

なお、株価上昇の背景には、金余りもあったようです。コロナ禍を受け、政府は国民全員に10万円の給付金を支給しましたが、コロナで打撃を受けて苦しんでいる人がいる一方で、悠々自適の暮らしをしている人や、在宅勤務をしつつ経済的にはなんの問題もない大手企業のサラリーマンなどもいて、そうした人たちも家族の人数×10万円の給付金を受け取っています。外出が制限され、旅行や外食や買い物でお金を使う機会が激減している中、「とりあえず、そのお金は銀行の口座に入れておく」という人も多かったようです。ただ、銀行に入れておいても金利が殆どゼロに近いので、ある調査では代わりに投資に使うと答えた人が結構な比率でいたそうです。

コロナ禍が変えた価値観とライフスタイル

多くの人々の命を奪った新型コロナウイルスの感染拡大はまさに災いですが、そんな中でもこの状況をどう捉え、どう向き合うかということを考えることは大事なことだと思います。中でも注目すべきは、コロナ禍をきっかけとした人々の暮らしや価値観の変化です。

その代表と言えるのがリモートワークの普及でしょう。私も以前から打ち合わせをリモートでできることは知っていましたが、自分が使うことになるとは考えてもいませんでした。しかし、今は日々の仕事の中に当たり前のように入っていて、誰もが使いこなしているわけで、便利なものの普及をコロナが早めたという言い方もできるかと思います。

リモートの打ち合わせ時は、画面の中で相手の姿が固まることもありますし、対面に比べて、相手の表情や反応がわかりにくいので、もどかしさを感じることもあります。一方、遠隔地のお客様と移動の時間を気にせずに打ち合わせができるようになったりして、今までにないビジネスチャンスが生まれるなどの恩恵ももたらされました。リモートならではの長所がいくつもありますから、コロナ禍が収束しても、すべてが対面に戻るのではなく、リモートと対面を選択することになるのは間違いないと思います。

他にもスマートフォンを使った非接触型の支払方法や、時差通勤、通販やデリバリーの活用などの〝新しい生活様式〟が注目されていますが、これらもまさにコロナをきっかけに人々の暮らしの中に根を下ろしたと言えるでしょう。

また、コロナ禍の２０２０年は〝副業元年〟といわれる年になりました。

在宅勤務になって、時間が効率よく使えるようになったから別のビジネスを始めるという人、コロナ禍の影響で雇用の不安が出てきたので副業をもつことにしたという人など、きっかけは人それぞれです。

いずれにしても、「1社だけに頼るのではなくて、足場を複数持っておく」「一つの組織に縛られず、さまざまな相手に自分のスキルを買ってもらう」という新しい価値観・仕事観が生まれていることが見てとれます。それは一つの有効な選択肢だと私は思いますし、時代の流れの中で、来るべくして来た事象だという気がしてなりません。そして、これを加速しているのもまさに新型コロナだと思うのです。

ただし、企業に帰属しない働き方というのは、保障がないということでもあります。これまでは勤務先が保障してくれた賃金・福利厚生などがなくならないとも限らないので、そこは自力でカバーすることが課題になります。その意味では、資産運用の果たす役割が大きくなるのではないかと思います。

〝新しい生活様式〟に関連しては、従来のように終電まで飲んでいるという文化は少数派になりそうです。そのぶん、健康的な生活スタイルを選ぶ人が増えるかもしれませんし、コミュニティのあり方、仲間との付き合い方が従来とは変わっていくのかもしれません。

例えば、サラリーマンの中にも地方に居を移す人や、別荘を持つ人が増えていき、不動産業界の図式にも変化が起こるかもしれません。そこでまた新しいビジネスチャンスが生まれたりすることもあるでしょう。

ジェネレーションZの時代がやってきた

話は飛びますが、最近、アメリカでは『Robinhood（ロビンフッド）』という投資アプリを通じて若手投資家が増え、株価を大きく押し上げていきます。その影響力は市場動向を左右するほどで、その若者たちは〝ロビンフッダー〟と呼ばれているのだとか。

Robinhoodのユーザーは今や1、300万人を超え、平均年齢は31歳、大半が株式投資の初心者だといいます。投資はそのリスクや難しさから敬遠されることもありますが、Robinhoodは手数料無料である、オンラインゲームのような優しい使い勝手、比較的少額から投資できるといった手軽さと安心感を備えていることが大躍進の要因となったようです。

一方、日本でもスマートフォンで手軽にできる投資スキームが登場し、投資家の裾野を若者に広げています。一つは、証券会社、ドコモ、楽天、Tサイトなど多くの企業が参入する『ポイント投資』です。お金ではなくポイントで始められるもので、貯まったポイントを商品に交換するように、ポイントをいずれかの企業の有価証券の購入費に充てたり、投資信託に運用したりできるというものです。また、LINEにもスマートフォンで手軽にできる『LINEスマート投資』というサービスがあり、ワンコインで始められたり、自分の気になるジャンルの企業に投資ができたり、ポイントがもらえたりといった魅力を備えています。

本書の前半でお話ししたように、日本ではお金にまつわる教育が殆どなされてきませんでした。しかし、これら今どきの投資スタイルは、若い人々の投資の入門編のような役割を果たしているようです。ここから、お金に対する考え方が変わったり、ごく若いうちに資産運用への意識が芽生えたりといった好影響が生まれていくような気がします。

若者の話が出たところで、最近、私が興味を惹かれる〝Z世代（Generation Z）〟についてお話ししたいと思います。

Z世代とは、1996年から2010年の間に生まれた若者たちのことです。一つ前の1980年から1995年の間に生まれた〝ミレニアル世代〟は、デジタルに強く、政治観も仕事観も商品選びもすべてが新しい世代といわれてきました。それに対し、Z世代は物心ついたときからインターネットもスマートフォンもゲーム機器も身近にあったデジタル・ネイティブで、SNSを使いこなし、社会意識も高いといわれます。そして、Z世代が占める人口比率は全世界の3分の1。現在、16〜23歳の彼らがいよいよ世界をリードする存在になりつつあるといわれているのです。

Z世代の人々は、完璧を求めず、大事にしたいのは自分独自のスタイルだといいます。例えば、会社勤めでは、従来であれば8時間、拘束されて当たり前と誰もが思っていましたが、Z世代の人たちは、好きな時間に出社して、好きな仕事を自分で選んでという形を好むのだそうです。中国のZ世代の間では「就職しない」という選択肢も広がりつつあり、多くの若者が『Ｄｏｕｙｉｎ（抖音／ドウイン）』『ＲＥＤ（小紅書／シャオフォンシュウ）』という新タイプのＳＮＳのインフルエンサーとなることを目指しているといいます。そして、多くのフォロワーを獲得し、企業の商品ＰＲ動画を制作し、広告費用を稼ごうというもので、トップ・インフルエンサーの場合、15秒のＰＲ動画制作の依頼を、日本円にして８００万円以上で受けることもあるそうです。

実は最近、私はあまりテレビを観なくなっていて、ＹｏｕＴｕｂｅばかり観ています。例えば、ラーメンをすする音や、野菜をボリボリと咀嚼する音を流すだけで何十万再生もされるＡＳＭＲ動画など、そのアイデアが凄いですよね。「今やユーチューバーが一番儲かっている」などと言われますが、まさにZ世代の人々が独自のアイデアを形にしながら、時代の最先端に立っているわけです。これはまさにパラダイムシフトであり、企画の新しさのみならず、がっちりとマネタイズ（収益化）するよう計算されているところがまた凄いと感じます。

私が経営者であることにこだわらない理由の一つもここにあります。40代・50代は知識と経験を活かしたビジネスを展開していくのは得意だと思いますが、全く新しいビジネスを開くことでは、若い人々には敵わないと思うのです。こうなったら、われわれ世代は新しいことにチャレンジする若者たちのフォロー役に徹し、彼らが力を発揮する機会をどんどんつくっていったほうがいいのではないかとさえ思います。クレドでも、こんな若手がいたらすぐにでも経営企画を任せてみたいと思うほどです。

そして、少し強引に結びつければ、独自の価値観や生活観を持って生きるZ世代の人たちには、できるだけ早くから投資を始めることをお勧めしたいですね。小さい投資から始めて、将来的には投資用の不動産を持つとか、夢は大きく持っていただきたいと思います。それこそ半リタイア生活は、Z世代のみなさまの嗜好に合うのではないでしょうか。

さらに、別の世代の人々に向けて言えば、新しい株式投資先を検討するときは、Z世代の人たちがのびのびと活躍している会社を選ぶというのも一つの考え方かもしれませんね。

自分だけでなく、まわりの人たちを幸せにしたい

最後に、繰り返しになりますが、私はお客様はもちろんのこと、家族も、社員も、友人も、仕事や日常生活の中で出会う人々も、誰もが幸せであってほしいと願っています。

経営者といえどもまだまだ未熟な43歳、ビジネスにおいても個人としても、自分はどれだけまわりの人々に助けられてここにいるのだろうか、ということを考えさせられます。ですから、自分のもつ情報やノウハウは惜しむことなくまわりのみなさまに提供していきたいと思いますし、この本もそんな思いから書きました。

また、ビジネスでは同業他社を出し抜いて、自分たちの会社だけがよければいいというものではありません。リスペクトする気持ちを大切にしなが

ら、互いに助け合ったり、切磋琢磨しあったりすることができる関係性を築いていきたいと思っています。さらに、各社と協力しあいながら、不動産業界のイメージをよいものに変えていくことができたら本望です。悪質な会社はこの世界から撤退していただき、業界全体をよりよいものへと底上げしていきたいと本気で思っているのです。

さらに、これからは自分の資産を人や社会の役に立てることも考えていきたいと思っています。

身近なところでは、妻の実家のリフォームです。義父母は60代後半なのですが、築ウン十年の古い家に住んでいて、間取りも設備も使い勝手がよくありません。どこかが壊れたときには修繕しようと思っているようなのですが、バリアフリーともほど遠い設計なので、今のうちにリフォームしたほうがいいだろうと私は思っているのです。

仮に二人が１００歳まで元気でいられたとしたら、まだ30年以上ありま す。ここでの選択は、「まだ使えるものを壊して、今直すか」「壊れるのを待って、あとで直すか」という2択ですが、先手を打って今直せば、30何年の月日を丸々快適に過ごすことができますよね。それは「時間を買う」という有意義なことだと私は思うのです。

また、私の最終的なテーマの一つが、寄付をするということです。

実は先にご紹介した本の『DIE WITH ZERO』でもこの寄付というテーマで多くの話がされています。今はまだ難しいですが、自分の財産を、必要とされる場所で、必要とする人々に使ってもらえたらと考えます。贈り先は、中高とお世話になった母校、地元・横浜に関わるなにか、テニス業界などが考えられるでしょうか。

ある知人にこの話をしたら、「どうしてそう思うのですか？」と聞かれました。が、「実は、まだ寄付をしたいと思ったことはない」というのがそのときの私の答えでした。寄付をしたいではなくて、「寄付や社会貢献活動を当たり前のこととしてできるような自分になりたい」というのが現在の思いなのです。

世の中の60代以上の経営者には、寄付や社会貢献に積極的に取り組んでいる方が少なくありません。また、東日本大震災後は、現地へと駆けつけ、炊き出しや復興活動をする高所得層の人や芸能人の姿が多く見られました。社会に役立つ自分になる、そこには格別のよろこびや充実感があるのでしょうか。また、それが次へ向かうエネルギー源にもなるのでしょうか。

果たして、どんな思いをもった60代の自分になっているのか。今はその点に興味津々ですし、自分が社会に貢献できたということを実感して、最後がゼロになることができたら幸せなのかもしれないと思うのです。

この1冊を通じては、20代半ばの私と現在の私の夢をご紹介するとともに、私が長年温めてきた〝45歳・半リタイア生活〟という考え方と、世界的なトレンドである〝ＦＩＲＥ〟についてお話ししてきました。

もしも、読者のみなさまがこの本をきっかけに「自分にも〝ＦＩＲＥ〟ができるのではないか」と思われたなら、その実現のために一刻も早く動き出してください。自分の未来を変えられるのは、自分しかいません。そして、夢を夢として終わらせず、実現へと導く有効な手段となるのが資産運用なのです。

もちろん、自分だけの力でする必要はありません。クレドにお問い合わせいただいたなら、どんなに小さなあなたの疑問にも、プロフェッショナルなスタッフが喜んでお答えいたします。

投資のこと、人生のこと、将来の夢や楽しみのことに関心のあるみなさまとお話をする機会がやってくることを楽しみにしつつ、ペンを置きたいと思います。

小松圭太（こまつ けいた）

1978年横浜生まれ
株式会社クレド 代表取締役
不動産会社に勤務して22年、独自の営業理論によりトップ営業マン・取締役営業部長を経験。2011年12月オーナー様が安心できる最善の方法である中古マンション投資をメインに扱う株式会社クレドを設立。
何百人というお客様とのお付き合いを通じて、販売してからのアフターフォローが何よりも大切なことだと気がつき、お客様目線の営業に力を入れている。
売主・買主だけの関係ではなく、お互いwin-winの関係を築くことを信念として、お客様との輪を広げ、これまでにセミナーを200回以上開催した実績がある。
代表著書に『都内築浅ワンルームマンション投資』（秀和システム）がある。

本文・装丁デザイン　小沼孝至

FIREを目指す
失敗しない資産運用と幸せに使い切る生き方

発行日　2021年12月25日　第一版第一刷

著者　小《こ》松《まつ》圭《けい》太《た》

発行者　小松圭太

発行所　クレド出版
〒150-0013 東京都渋谷区恵比寿1-24-4 ASKビル8階

発売所　サンクチュアリ出版
〒113-0023 東京都文京区向丘2-14-9
03-5834-2507

印刷所　日経印刷株式会社

ISBN978-4-8014-9102-1 C0036